U0011593

江戸人的生活超入門

江戸のひみつ
町と暮らしがわかる本　江戸っ子の生活超入門

江戸歷史研究會／著
章蓓蕾／譯

目錄

第一章 江戶的街道原來是這樣建成的！

1 【江戶的歷史】人口超過百萬的巨大都市，家康遷入之前是什麼模樣？……8
2 【江戶的範圍】江戶比東京二十三區的面積更大？人口大約有多少？……10
3 【江戶子】連續三代定居江戶就OK？「江戶子」有特別的定義嗎？……12
4 【江戶的地名】江戶曾有哪些地名？至今仍在使用的有哪些？……14
5 【曆法・時刻】算法相當粗糙！如何算出時間與季節？……16
6 【貨幣】曾經流通過哪些貨幣？有了「一兩」可以做什麼？……18
7 【廢物回收】江戶成為百萬人口都市，還是廢物回收率極高的城市？……20
8 【水道】都市化引起嚴重水荒。幕府的對應手段是什麼？……22
9 【物流】江戶是水都！沒有汽車、電車的時代如何運送物資？……24
10 【魚河岸】沒有冰箱的時代，居民如何吃到鮮魚？……26
11 【蔬菜市場】大量的品牌蔬菜在江戶近郊登場！蔬菜如何送到庶民手裡？……28
12 【火消】火災起，消防隊員大顯身手。哪些組織參加滅火行動？……30
13 【江戶四宿】離江戶最近的宿場町。「江戶四宿」是指哪裡？……32
◆ **第一章內容檢測題**……34

第二章 原來江戶人這樣生活！

14 【裏長屋】月租單間小套房！庶民的裏長屋生活是什麼感覺？……36
15 【湯屋】錢湯是熟客的社交場所，他們在湯屋如何打發時光？……38
16 【美食】庶民也經常享受外食，江戶子究竟吃些什麼？……40
17 【酒】工作結束後喝杯小酒！江戶街頭居酒屋林立？……42
18 【人氣商店】伊勢屋、近江屋、越後屋——哪種大店有人氣？……44
19 【年中例行活動】正月、雛祭、七夕……庶民喜歡哪些例行活動？……46
20 【信仰】伊勢參和富士講都很流行。江戶子都是虔誠信徒？……48
21 【寺子屋】庶民之子也能進寺子屋？在那裡學些什麼？……50
22 【童玩】江戶時代是兒童的樂園！當時的孩童都玩些什麼？……52
23 【結婚】比現代人早婚多了！庶民大約幾歲結婚？……54
24 【髮型】男女都對時尚非常敏感！什麼髮型受歡迎？……56
25 【服裝】跟現代一樣熱心追求時尚。流行的款式是什麼樣？……58
26 【化妝】上方豐滿，江戶淡抹……江戶女子如何化妝？……60
27 【醫療】醫療尚未發達的時代。任何人都能輕易當上醫生？……62
28 【職業】江戶是全國最大消費地。庶民從事哪些職業為生？……64
29 【育兒】自己的孩子永遠最可愛。跟現代育兒法有何不同？……66
30 【美女條件】遠遠超出現代人想像？江戶子眼中的美女需要什麼條件？……68

31【乘涼】沒有冷氣、風扇的時代。如何熬過炎夏？……70
32【大地震】都市直下型！安政大地震的江戶受災狀況如何？……72
33【傳染病】比地震、火災更可怕的傳染病究竟是什麼？……74
34【火災】火災、吵架，江戶之花！江戶為什麼容易發生火災？……76
◆第二章內容檢測題……78

第三章

江戶子熱愛的文化、消遣、娛樂

35【花見】江戶子也喜歡賞櫻？最受歡迎的景點在哪裡？……80
36【煙火】江戶子瘋狂追逐煙火秀。隅田川煙火大會始於何時……82
37【祭典】從將軍到庶民都喜愛祭典。江戶最熱鬧的祭典是什麼？……84
38【旅行】江戶掀起旅遊熱。庶民也能任意遊走四方？……86
39【遊廓】幕府公認的男性尋歡場所。遊廓吉原是什麼地方？……88
40【富籤】目標是一獲千金！江戶流行的「富籤」如何賺錢？……90
41【浮世繪】梵谷、莫內都曾受到影響。最受歡迎的繪師留下哪些作品？……92
42【出版】租書店大流行！江戶子讀過哪些書？……94
43【狂歌．川柳】充滿幽默感！川柳、狂歌如何有趣？……96
44【歌舞伎】庶民爭購演員畫報！歌舞伎在江戶子心中是什麼樣的角色？……98
45【寄席】比歌舞伎更易接近的娛樂!?空前的寄席熱是真的？……100

46【大相撲】大相撲是三大娛樂之一。哪些力士受歡迎？……102
47【園藝】武士庶民都對園藝有興趣！最受歡迎的植物是什麼？……104
48【寵物】寵物給江戶子帶來心靈慰藉。哪些寵物受歡迎？……106
◆**第三章內容檢測題**……108

第四章

江戶的武家生活

49【江戶城】幕府權威的象徵！大城樓‧江戶城究竟有多大？……110
50【德川家】德川將軍家前後延續十五代。歷代將軍是怎樣的人物？……112
51【將軍的一天】將軍的工作時間，真的比休閒時間更短？……114
52【登城】沒想到這麼麻煩！？大名的義務──登城是怎麼回事？……116
53【大奧】充滿權謀的女人世界！哪些女性住在大奧？……118
54【武家屋敷】與庶民天壤之別！？駐守江戶的大名住在怎樣的屋敷裡？……120
55【武士的種類】武士的種類非常多──哪些武士住在江戶？……122
56【下級武士的生活】窮武士叼牙籤假裝吃飽──很多下級武士需要在家打工？……124
57【浪人】治安惡化的主因！江戶城裡到處都是浪人？……126
58【町奉行】時代劇的熟面孔，大岡越前、遠山的金先生都是真人真事？……128
59【與力‧同心】經常在時代劇裡出現的與力與同心做什麼工作？……130
60【刑罰】殘酷得令人膽戰心驚，江戶時代有哪些死刑？……132

◆第四章內容檢測題……134

第五章

大江戶名所漫遊

江戶子喜愛的名勝景點。旅遊指南相當多！……136
【日本橋】五街道的起點成為江戶的中心，水、陸運的基地日漸繁榮……138
【隅田川】春天賞櫻、夏天乘涼——四季風雅充滿情趣的地方……140
【淺草寺】古寺的雷門是淺草的象徵，淺草寺已成庶民娛樂中心……142
【寬永寺】規模超過京都金閣寺、銀閣寺，總面積三十六萬坪的大寺院……144
【不忍池】蓮開盛景彷彿極樂淨土，不忍池多次畫入名勝錦繪……146
【增上寺】號稱「寺格百萬石」的德川家廟，庶民熟悉的報時鐘聲……148
【神田明神】將軍到庶民都虔敬膜拜，朱漆神殿裡耀眼的「江戶總鎮守」……150
◆第五章內容檢測題……152
江戶時代的重要大事！……153
索引……156

第1章

江戶的街道原來是這樣建成的！

十八世紀已有百萬以上人口的大都市，江戶。
當時號稱「大江戶八百零八町」，
包括上水道在內的都市基礎建設已經十分完備
讓我們一起來看看江戶的街道如何形成。

人口超過百萬的巨大都市 家康遷入之前是什麼模樣？

以往的傳說都把江戶形容成蠻荒之地，充其量就是個小漁村而已。不過，最近有些研究報告卻指出，江戶位於東國的水上交通要衝，已有相當程度的發展建設。

到了十八世紀，江戶已成為全世界第一大都市，人口超過百萬。在這一節裡，讓我們一起追溯江戶發展的歷史吧。

一五九〇年（天正十八年），德川家康以勝利者姿態進入江戶城。豐臣秀吉滅了後北条氏之後，便把包括江戶在內的後北条氏領地全部封給了家康。

根據以往的傳說，家康遷入江戶的時候，當地只是個規模很小的漁村。但是最近發表的各種研究卻顯示，江戶所處的位置相當於東國的水上交通要衝，當時這片地區應該已經完成某種程度的發展建設。

事實上，江戶城最早是由太田道灌在一四五七年（長祿元年）築起的城池。後來這座城市在道灌的治理下，周圍的城下町興辦各種市集，全國各地物產都匯集到此，形成非常繁榮的商業盛況。也有些學者認為，後世之所以強調家康進入江戶時，這裡只是一片荒涼的漁村，主要目的是為了彰顯家康治理江戶的功績。

大規模城市建設

早期江戶城的位置緊鄰河川的入海口，譬如現在的日比谷公園附近，當時全都還在海裡。一五九八年（慶長三年），豐臣秀吉去世，家康不再擔心自己被改封到別處，於是下定

德川家康是創建江戶最具貢獻的人物

江戶後來成為現代東京的基礎，最初創建江戶城的德川家康功不可沒。〈德川家康肖像〉（大阪城天守閣）

古代跟鄰里消防隊出現時的江戶周邊地形變遷對照圖

中世紀的江戶地形圖裡，現在的新橋附近都在海裡。由此可知，後來因為填海造地，江戶的地形發生了重大改變。

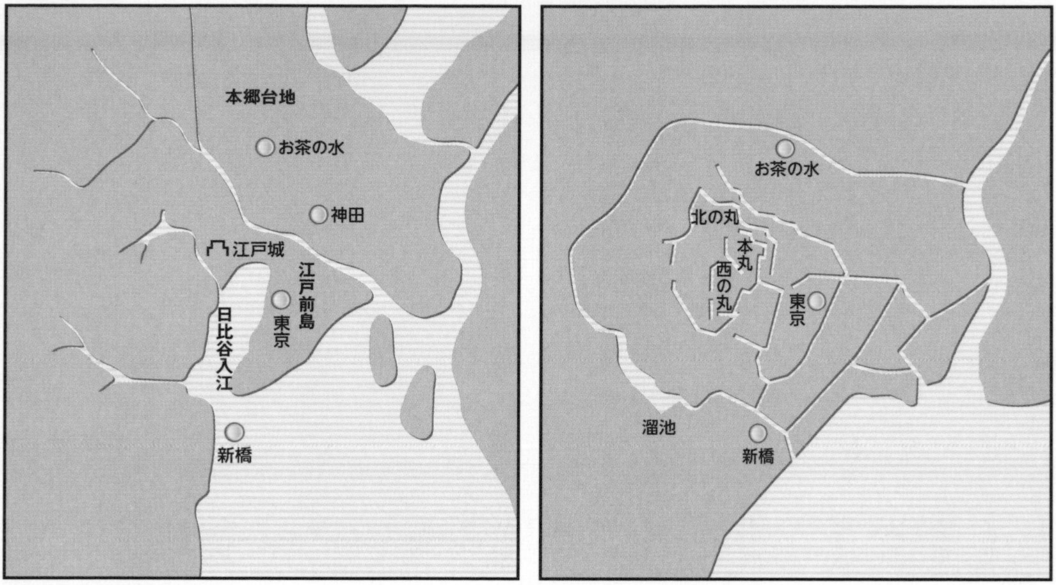

決心定居江戶，他開始進行大規模都市建設工程，首先在日比谷的入海口填海造地，並把海邊濕地墾殖為住宅區。一六〇三年（慶長八年），家康被任命為征夷大將軍後，便著手開設幕府的任務，同時也向全國大名發出命令，要求各地提供援助，一起參與江戶的擴建工程。

「江戶」這個名詞，最早出現在鎌倉幕府的正史《吾妻鏡》（「江戶」原是住在這裡的某人姓氏），後來為何變成了地名？相關的傳說很多，譬如有人認為因為這裡是「川『江』入水的門『戶』」，但是至今並沒有定論。

江・戶・漫・步

太田道灌銅像

千代田區丸之內三丁目 5-1

東京國際論壇大樓裡有一座太田道灌銅像，是面向江戶城（皇宮）的立像，另外，新宿的中央公園、日暮里車站前面，都可以看到道灌的銅像。

江戶軼聞 「江戶」這個地名的由來，據說因為古時這裡長滿了「荏草」，「荏」是紫蘇的古名，「荏土」的日文發音「えど」，跟「江戶」的發音一樣。

江戶比東京二十三區的面積更大？人口大約有多少？

早期的江戶城一直沒有明確的範圍，直到一八一八年（文政元年），幕府才正式在地圖上以「朱引」（紅線）標示江戶的範圍，根據地圖顯示，江戶的範圍比現在的東京二十三區更狹小。不過江戶中期時，人口已有百萬人之多。

江戶城內劃分為許多「町」，有一句俗語：「大江戶八百零八町」，就是表現「町」數繁多，但事實上，十八世紀中期，早已多達一千七百個町了。

「江戶」的範圍究竟從哪裡到哪裡？這個問題在建城初期並沒引起關注，後來隨著城區不斷擴張，幕府才開始感到制定範圍的必要。一八〇四年（文化元年），幕府規定以江戶城樓為中心，方圓四里（約十六公里）之內，叫做「御府內」（以城為中心的江戶市街）。

但是以這種方式制定的範圍還是不夠精準，所以幕府又於一八一八年（文政元年），決定以畫「紅線」（朱引）的方式，正式在地圖上劃定府內和府外之別，並規定江戶城的範圍東起中川，西至神田上水，南起目黑川，北至石神井川下游。跟今天的東京二十三區比起來，江戶城的範圍顯得特別狹小。

另一方面，幕府除了劃定朱引的範圍，同時也用畫「黑線」（墨引）的方式決定了町奉行管理的權力範圍。

城市擴建帶來大量人口

江戶城不斷擴建，人口也日漸增多。當時並沒有針對武家（武士家族）與公家（貴族家族）進行人口調查，所以無法掌握正確數字，但根據史料顯示，一七二一年（享保六年）城內各町人口已經超過五十萬，由此推測，加入武家人口，總數應達百萬。當時江戶屬於男性城市，男性約佔總人口的百分之六十五，不過男女差距後來逐漸縮小，到了幕府末期，幾乎各佔一半。

江戶町人的人口變化趨勢（町奉行所管轄下）

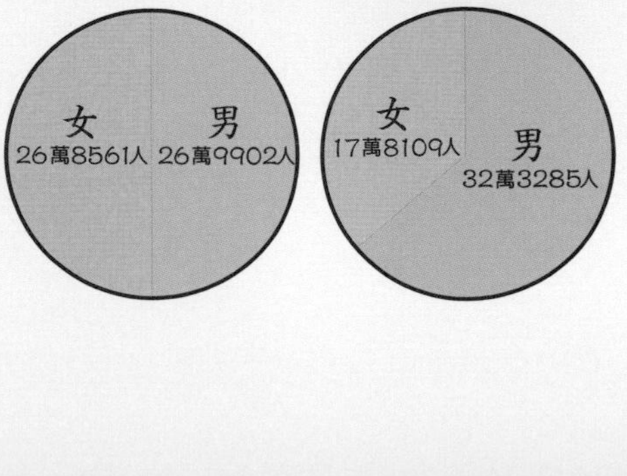

舊日江戶朱引內之地圖（東京都公文書圖書館）

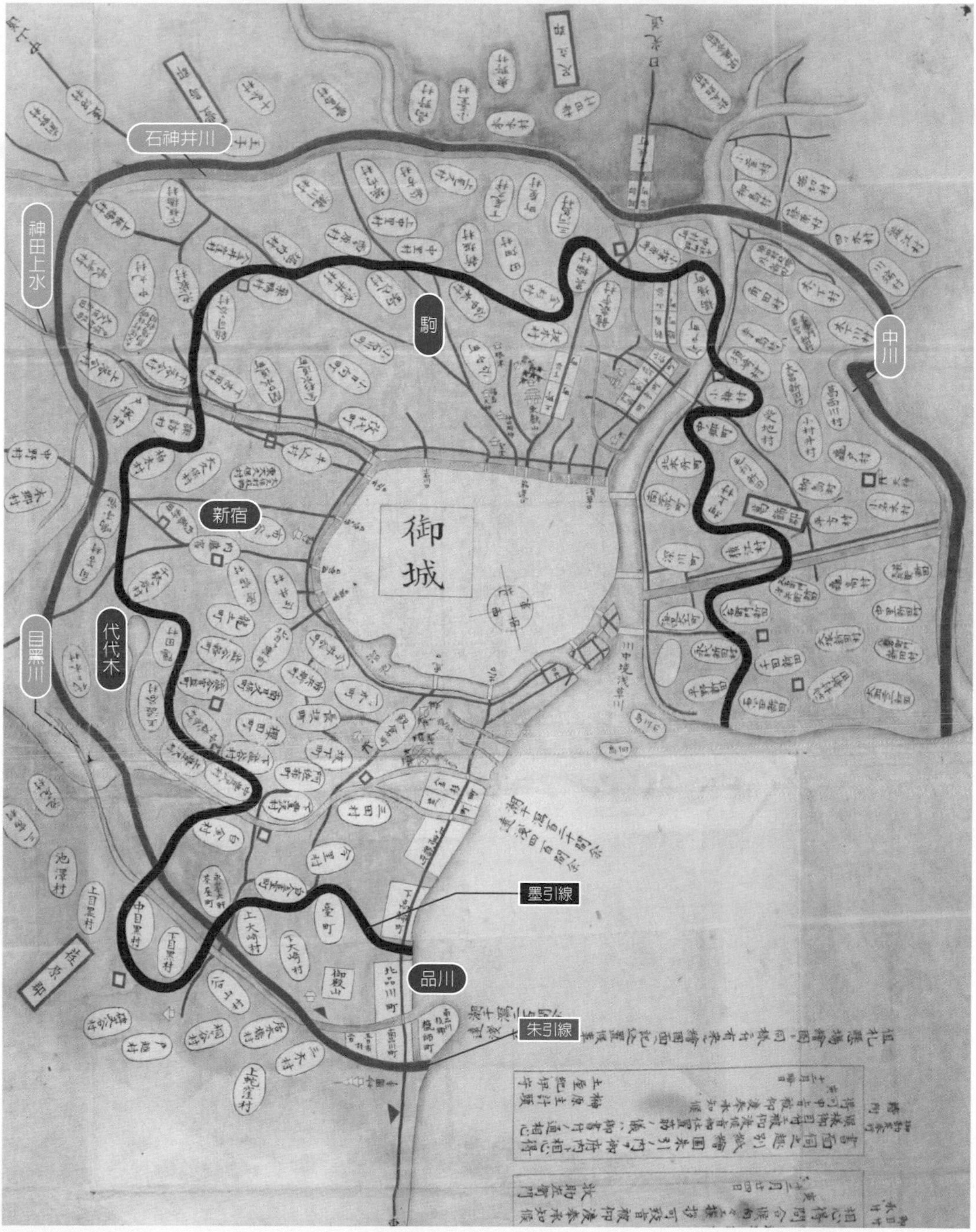

江戶軼聞 江戶時代採用「人別帳」管理戶籍，其中登記了每戶擁有的房產、土地、人口、職業、家畜等，但當時沒被登記在「人別帳」裡的「無宿者」人數也很多，據說最多時大約將近一百二十萬人。

連續三代定居江戶就OK？「江戶子」有特別的定義嗎？

江戶子的定義有多種說法，有人認為「只要三代連續定居」，也有人認為「父母都是江戶子」才行，總之，一般人對江戶子的印象是：花錢不手軟，家無隔夜錢，生來愛打扮，喜歡追時髦。

據說「江戶子」這個名詞，最早出現在一七七一年（明和八年）創作的川柳詩裡：「草鞋穿上腳，江戶子大聲喧嚷。」「江戶子」這個概念形成的背景，可能是因為江戶後期，大量人口從全國各地湧進江戶。那麼，「江戶子」這個字眼，是否含有特別的定義呢？

根據當時的暢銷作家山東京傳於一七八四年（天明四年）寫成的《彙軌本紀》中曾如此定義「江戶子」：「呱呱落地，就能用水道水洗澡；人坐家中，窗外就能看到江戶城樓頂上的鯱形裝飾，大把銀子當作零用錢揮霍。」俗話「家無隔夜錢」，也是用來形容江戶子。總之，江戶子最討厭小家子氣，特別講究「別緻」、「脫俗」、「體面」。除此之外，還有一句俗語說：「連續三代都住在江戶，才有資格叫做江戶子。」

一般人對江戶的印象正如一句俗語：「吵架、火災，江戶之花。」其實，江戶人愛吵架只在江戶初期，因為當時正處於城市建設期，城中聚集了許多性格粗獷的工匠。後來江戶子的人數越來越多，路上任意尋釁的事件也就變少了。再

花川戶助六

歌舞伎裡的助六，是江戶子崇拜的偶像。豐國的浮世繪〈堀井新左衛門・花川戶助六・三浦屋揚卷〉（國立國會圖書館）

許多歌舞伎演員都曾扮演過花川戶助六。豐國的浮世繪〈江戶櫻 花川戶助六〉（國立國會圖書館）

江戶子的習性

尊重他人的隱私
路上碰到熟人就問「到哪裡去」的人，被認為是沒禮貌的鄉下人。江戶子重視隱私，永遠保持警惕，不會隨便侵犯他人隱私。
老闆！你要去哪？
講究謙讓的精神
路上與陌生人擦肩而過時，裝出不經意的表情向對方行注目禮。即使對方是武士，也只跟對方交換視線而已，這種行禮的方式不僅是禮貌，也表達江戶町人不向人低頭屈膝的自傲。
Eye Contact!
注重行禮問候
江戶城的窄巷特多，行人擦身而過時，總是不忘主動讓路，或是退後一步，或把身體側向一旁，同時也把手裡的雨傘移向外側，這種行為也稱之為「江戶做派」。
嚴守承諾
江戶商人談成一筆交易時，最後必定會說：「萬一我死了，就對不起啦。」這句話表達的是商人的堅定意志，只要自己還活著，就一定會遵守諾言。
萬一我死了，就對不起啦！
認真貌!!
絕對會做到！

加上江戶特有的禮節默契也已逐漸深入人心，譬如人人都知道「只能警告，不准突襲」、「不准打人腦袋」等。

江戶子的理想形象

幕府末期，越來越多的江戶居民開始自稱是「江戶子」，或許因為大家都覺得住在江戶是值得誇耀與自傲的事情吧。歌舞伎劇作家西澤一鳳曾在他的著作《皇都午睡》指出，必須父母都在江戶出生的人，才稱得上是「真正的江戶子」。所以事實上，真正的「江戶子」只佔江戶人口的十分之一。

江戶子的理想形象究竟是什麼樣呢？舉例來說，歌舞伎「花川戶助六」故事裡的男主角，就算典型的代表。助六是住在藏前的稻米批發商，他是極具正義感的青年，絕對不向金錢和權勢低頭，彷彿就是江戶町人反叛精神的代言人，所以他深受江戶庶民崇拜。除了助六之外，江戶的河港魚市商人，街道消防隊員等，也都是「江戶子」引以為傲的代表形象。

江戶子的自尊心很強，也非常重視信守承諾。江戶商人跟客戶談成生意時，最後一定會說：「萬一我死了，那就對不起啦。」這句話表達了江戶子絕對遵守承諾的堅定意志，也就是說，除非自己不在人世了，否則一定說到做到，絕不食言。

江戶軼聞　日本人吃飯之前都要說「我要開動了」。這句話是為了向生產糧食的農民和大自然表達感謝，據說這個習慣就是從江戶時代開始的。

江戶曾有哪些地名？至今仍在使用的有哪些？

東京有很多地名是在江戶時代根據地域性、歷史、特徵而命名，有些地名現在已經消失了，但是從當時沿用至今的地名也有不少。

有些毫不起眼的地名，我們若深入探究其由來就會發現，這些地名都有豐富的含意，可能跟當地的地域性、歷史、特徵等都有關係。

譬如今日的千代田區有個地方叫做「日比谷」，這裡從前其實是在海裡，名字叫做「日比谷入江」（「入江」即是江河的入海口），我們深入探訪這個名稱的由來才發現，原來當時的江戶居民為了養殖海苔，所以在海口淺灘上插了很多名為「篊（ひび）」的竹枝和樹枝。在入海口的兩岸陸地陪襯下，這片淺灘看起來就像「篊之谷」，所以後來就改名叫為發音相同的「日比谷」。很顯然，當時這裡的景象絕非我們現代人能夠想像的。

東京還有個經常在歷史古裝劇裡出現的地方，叫做「八丁堀」。這個地名是根據當地一條人工河的長度而得名。還有個更有趣的地名，叫做「御茶之水」，據說從前這裡曾經湧出水質清澈的泉水，當地百姓便把泉水獻給將軍飲用，因此才有了這個地名。

下次大家到東京觀光時，不妨到那些現在仍然沿用江戶時代名稱的地方參觀一下，想必能給大家帶來一番驚喜。

據說江戶時代這裡曾有許多演出淨琉璃的劇場，因而稱為「淨琉璃坂」（右）。這裡也是「淨琉璃坂復仇記」的舞台，這個歷史事件發生在一六七二年（寛文十二年），後來被列入「江戶三大復仇故事」之一。左内坂（上）是從最早開拓這片土地的領主島田佐内的名字而來。

秋葉原（千代田區．台東區）	由於江戶城中經常發生大火，這塊地區被闢為防火巷，並把鎮火之神「秋葉大權現」的分靈從遠州（靜岡縣）請來奉祀。之後，這裡便被稱為「秋葉之原」。現在神社已被移至台東區松谷。
八丁堀（中央區）	這裡有一道壕溝從入海處算起全長八町（約八百八十公尺），因而得名。
淺草（台東區）	傳說武藏野台地周圍原本長滿了茂密的雜草，只有淺草的附近野草較少。
御茶之水（文京區．千代田區）	從前在這裡挖掘溝渠時，突然從地下湧出泉水，水質極好，將軍也派人從這裡汲水泡茶。
鶯谷（台東區）	寬永寺的法主（住持）一品法親王出生在天皇家，他覺得上野附近的樹鶯叫聲充滿江戶風味，一點也不好聽，所以特地從京都引進大批的樹鶯進行品種改良。據說這種改良種樹鶯在鶯谷附近特別多。
銀座（中央區）	江戶時代鑄造銀幣的地方叫做「銀座」。
品川（品川區）	由於地形優美，極具品味，便比照鄰村的名字「高輪」，訂名為「品輪（しながわ）」，後來改以發音相同的漢字「品川」為名。
巢鴨（豐島區）	據說這裡從前有個大池塘，裡面住了很多鴨子。
小石川（文京區）	關於小石川的傳說很多，其中廣為流傳的說法是說，這裡從前有一條小河，河裡有很多小石子。
代官山町（澀谷區）	江戶時代這裡曾是幕府的御用山林，由代官負責管理，因而得名。
高田馬場（新宿區）	江戶幕府曾在這裡設置馬場，後來因為越後高田藩主松平忠輝（德川家康的六男）的母親高田殿下曾到這裡遊覽，所以被稱為「高田馬場」。
日暮里（荒川區）	從前的名稱為「新堀（にいぼり）」。由於景色優美，遊人在這兒遊覽眺望時，經常忘了時間，甚至連日暮西山都沒發覺，於是就有人把「新堀」改為發音相似的「日暮里（にっぽり）」。
人形町（中央區）	很多人形劇師和人形劇從業員都住在這片地區。
日比谷（千代田區）	江戶時代以前，日比谷位於江戶灣的入海口，當地漁民為了採集海苔，海邊的圩田和淺灘插滿竹枝和樹枝，叫做「篊（ひび）」。在兩岸陸地的對比下，這片海邊低地看起來很像谷底，所以被稱為「篊谷（ひびや）」，後來又改名為發音相同的「日比谷」。
有樂町（千代田區）	織田有樂齋（織田信長的弟弟）的府邸所在地。

很多地名已經消失

東京市內有很多叫做「坂」的坡地，這些坡地也跟其他地名一樣，是根據歷史特點而命名。我建議大家下次到東京觀光時，不妨花點時間瀏覽路邊的告示板，或許能讓你對周圍景物有所改觀。

然而，地名總是隨著時代變遷而發生變化。東京有些地名早已走進歷史，可能因為土地開發，或是市町村等行政單位合併。另一方面，也有很多蘊含歷史意義的地名被保存下來，這些地名雖然從地圖上消失了，卻仍被人們當作通稱掛在嘴上，有的地名追溯起來含意深遠，有的只是因為發音相近。大家了解這些地名的由來之後，發揮想像力走訪各處，也能成為充滿歷史妙趣的行旅吧。

江戶軼聞　明治維新之際，天皇頒布詔令：「即日起，江戶改名東京」。從此就有了「東京」這個地名。

算法相當粗糙！如何算出時間與季節？

江戶時代對時間長短的定義比較曖昧，因為當時的「一刻」代表的時間長短，是隨季節而定。又因為當時採用太陰曆，每隔三年就會多出一個月，所以會出現一年有十三個月的情形。

江戶時代計算時刻的方式，顯然比現代粗糙。當時是把日出到日落之間的時間分成六等分，每個等分叫做一刻。每當時刻變換之際，寺院的報時鐘和每個町內的太鼓，都會同時發出聲響向城內居民報時。夜間的時刻跟白晝一樣，也是把日落到日出之間分為六等分，每個等分算是一刻。換句話說，夏季白晝較長，所以白晝的一刻比較長，晚間的一刻較短。冬季則剛好相反。每個時刻的稱呼則以六個數字代表，也就是從九倒數至四的方式，清晨稱為「明六刻」，黃昏稱為「暮六刻」。譬如以「夜四刻」舉例，春分或秋分的「夜四刻」大約是現代的二十二時，夏至的「夜四刻」則是二十二時二十分，冬至的「夜四刻」則是二十一時四十分。這種算法真是複雜又難懂啊。

江戶人的日常通常都是日出而作，日落而息，一般人的生活裡，並沒有非常迫切的需要去弄清準確時刻。即使如此，大家也能根據太陽的位置推測出大概，而且江戶城內到處都能聽到報時的鐘聲與鼓聲，所以可以推斷，江戶人在日常生活當中應該具有相當的時間觀念。而當時市區內的報時鐘位置，現在已確認的有十五處，譬如上野的寬永寺、目黑的祐天寺等。

二十四節氣決定季節

日本的曆法從一八七二年（明治五年）開始使用太陽曆，之前，日本一直採用

時間隨著季節而改變

今天的一小時有六十分鐘，但是當時「一刻」的時間長短是根據季節而定。

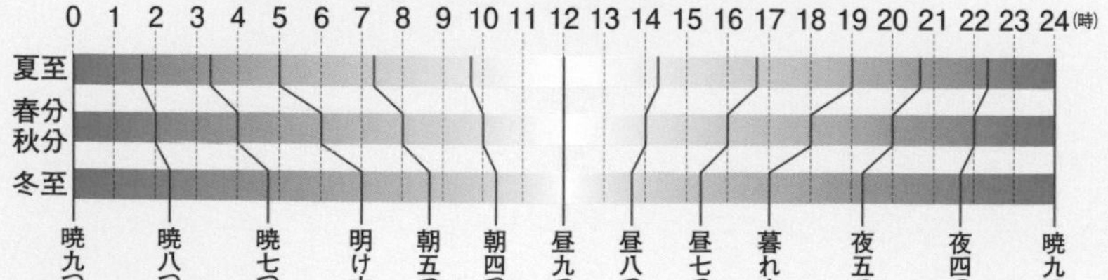

二十四節氣一覽

季節	月份	節氣	太陽曆月日	說明
春	一月	立春	2月4日左右	春季開始的日子
		雨水	2月19日左右	霜雪融化，草木萌芽
	二月	啟蟄	3月6日左右	昆蟲、動物開始出來活動
		春分	3月21日左右	晝夜的長度幾乎相同
	三月	清明	4月5日左右	春季的花朵開始綻放，大地欣欣向榮
		穀雨	4月20日左右	春雨降臨，滋潤穀物
夏	四月	立夏	5月6日左右	夏季開始的日子
		小滿	5月21日左右	草木結出果實
	五月	芒種	6月6日左右	收割稻麥
		夏至	6月21日左右	一年當中白晝最長的一天
	六月	小暑	7月7日左右	天氣漸熱
		大暑	7月23日左右	一年當中最熱的時期
秋	七月	立秋	8月7日左右	秋季開始的日子
		處暑	8月23日左右	早晚漸涼
	八月	白露	9月8日左右	天天都是清爽宜人的秋日
		秋分	9月23日左右	晝夜的長度幾乎相同
	九月	寒露	10月8日左右	天氣漸寒
		霜降	10月23日左右	地上開始結霜
冬	十月	立冬	11月7日左右	冬季開始的日子
		小雪	11月22日左右	寒意漸濃
	十一月	大雪	12月7日左右	真正的冬天來了
		冬至	12月22日左右	一年當中夜晚最長的一天
	十二月	小寒	1月5日左右	嚴寒漸增
		大寒	1月20日左右	一年當中最冷的時期

以月亮盈虧為標準的太陰曆。太陰曆一年有三百四十五日，比太陽曆稍短，因此每隔一段時間就需要置入閏月加以調整。大約每隔三年，就有一年是十三個月。另外，為了正確掌握四季的時間，日本除了採用太陰曆之外，也同時利用太陽運行週期劃分的二十四節氣作為參考。

舉例來說，現在的夏至（現代是在六月二十一日左右）在江戶時代就有了，江戶人當時已經知道夏至是一年當中白晝最長的一天，冬至（十二月二十二日）則是一年當中白晝最短的一天。再譬如芒種（六月六日左右），當時江戶人已經知道這個節氣前後適合收割小麥，播種稻米，同時也懂得利用這種氣候發展農業。

江・戶・漫・步

寬永寺的報時鐘

台東區上野公園

上野的寬永寺於一六六六年（寬文六年）設置一座報時的大鐘，至今仍然擔負著報時的重任。每天的正午和早晚的六點，總共敲響三次。現在這座大鐘是在一七八七年（天明七年）重新改鑄的。

江戶軼聞　江戶時代已有機械式時鐘，但因為這種時鐘常出問題，不是走得太快就是太慢，所以需要鐘錶師守在旁邊，不時地進行調整。

曾經流通過哪些貨幣？有了「一兩」可以做什麼？

江戶時代使用的貨幣有三種：金幣、銀幣和錢幣。這三種貨幣各有不同的單位，計算方式也非常複雜。或許每個人都會因為時代或看法各異，採取不同的算法，但我們可以確定的是，江戶初期的一兩，大約相當於現代的十萬元日幣。

江戶時代的「一兩」究竟相當於現代的多少錢？這個問題實在很難回答。因為當時物品或服務的價值計算跟現代完全不同，而且物價也曾經發生劇烈變動。根據日本銀行金融研究所貨幣博物館的試算，如果根據米價換算，江戶初期的「一兩」大約相當於現代的十萬元，江戶中期到後期的「一兩」，大約相當於三萬到五萬元。而幕府末期的「一兩」，價值就只值三、四千元了。但同樣是在江戶中期至後期，如果換算成工錢（木匠的手工費）的話，「一兩」就相當於三十萬到四十萬元。

假設我們帶著「一兩」穿越時光隧道回到江戶時代，可以買到什麼東西呢？（以「一兩」等於五千文的匯率計算）如果買米，可以買一石二斗（一千兩百合），足夠我們吃一整年。如果買酒的話，大約可以買四十三公升；買味噌的話，可以買一百四十公斤；串糰子可買一千兩百五十串。如果去湯屋洗澡，則可洗五百次。相信大家應該能想像出江戶時代一兩的價值了吧。

金幣、銀幣、錢幣的流通

江戶時代共有三種貨幣：金幣、銀幣和銅幣。江戶城內主要使用金幣，上方（京都周圍）主要使用銀幣。這兩種錢幣的單位換算方式非常複雜，金幣分為三種：兩、分、朱，

江・戶・漫・步

銀座發祥地

中央區銀座 2-7 門前

「銀座」原是幕府機關，專門負責鑄造、管制白銀與銀幣。一六一七年（元和三年），「銀座」從駿河搬遷到今天的地點，也是銀座這個地名的起源。而今天的日本銀行總行的所在地，則是當時建造金座的地點。

江戶時代的小判

左起依次為慶長小判、元祿小判、寶永小判、萬延小判。當時的貨幣採取四進制，一枚小判的價值相當於「一兩」，一兩等於四分，一分等於四朱。（日本銀行金融研究所貨幣博物館）

江戶時代的銀幣

左起依次為寶永四寶丁銀、明和五匁銀。（匁＝一兩的六十分之一）一貫匁等於一千文，匁以下採用十進制。（日本銀行金融研究所貨幣博物館）

江戶時代的錢幣

左起依次為寬永通寶（一百文錢）。一貫等於一千文。（日本銀行金融研究所貨幣博物館）

銀幣分五種：貫、匁、分、厘、毛。錢幣分兩種：貫、分。三種貨幣的公定比率由幕府決定，而實際上，三種貨幣的比率經常改變。

金幣、銀幣主要是在商場買賣時候使用，一般庶民最常用也最熟悉的還是錢幣。錢幣四千文～一萬文的價值大約跟一兩相同。最早發行的錢幣是一文錢，後來又有了四文錢。所以以四的倍數計價的商品越來越多，譬如像立食蕎麥麵一碗定價十六文。據說當時一般庶民通常是把九十六枚一文錢用繩子串起來，當作一百文使用。因為數錢必須花費不少的時間與工夫，所以一開始就把差價的四文錢當作工本費扣掉了。

江戶軼聞 慶長小判的含金量原為 86.79%，但到了幕府末期的萬延年間，由於財政困難，只好把含金量降低到 56.66%，同時小判的尺寸也縮小到原來的三分之一以下。

江戶成為百萬人口都市，還是廢物回收率極高的城市？

江戶居民在生活中建起各種廢物回收機制。譬如農民願意花錢收購水肥，當作農地肥料。每個江戶人都非常惜物，盡可能反覆利用廢物，盡量減少垃圾量。

江戶子的日常生活裡，隨處皆可看到各式各樣的廢物回收機制。

以當時的江戶人口數來看，每天產生的糞尿量相當可觀，如果直接流進溝渠或河川，必定會對環境造成無可挽救的負面影響。事實上，十八世紀的倫敦市就曾因為屎尿與工廠廢水排進泰晤士河，造成污染與惡臭等都市問題。

江戶卻跟倫敦完全相反。江戶城內的環境能夠保持清潔，主要就是因為當時已經確立了回收機制，就連城內居民的屎尿，都被農民收購回去作成肥料。

江戶子的惜物觀念讓他們提出各種驚人的構想，務求物盡其用。當時從事廢物回收的業者非常多，其中包括轉賣二手貨，或專門修理舊貨的小販。

理想的環保生活

舉例來說，當時有「收煤灰」的小販，他們的工作是到民宅收購爐灶裡剩下的煤灰，然後挑去賣給煤灰批發商。現代人一定覺得很奇怪，燒剩的煤灰還能拿來做什麼？其實，煤灰的用途非常廣泛。除了撒在田裡當肥料之外，還可當作洗潔劑，用來洗碗或洗頭髮。此外，煤灰也可作為釉的代替品，在陶器完成之前塗在成品上。不僅如此，染布時在最後階段會把布料浸泡在煤灰水裡，這樣可以防止布疋掉色。另

負責把水肥從都市運往農家的水肥專用船。（葛飾區鄉土天文博物館）

做和服剩下的零頭布也賣給顧客利用。（深川江戶資料館）

江戶的廢物回收業者

舊衣店	江戶的庶民沒有能力經常購買新衣，通常都是購買二手的舊衣。根據一七二三年（享保八年）的紀錄顯示，當時江戶市內有一一八二家舊衣店。另外還有很多挑著扁擔沿途叫賣的舊衣商。
收煤灰	業者在肩上背一根兩頭吊著竹簍的扁擔，經常前往熟客家中回收煤灰，然後集中賣給批發商。
撿廢紙	業者平時遊走街頭，看到廢紙就收集起來，然後再賣給專門製造再生紙的批發商。
挑水肥	江戶近郊的農民以收購或以蔬菜交換的方式，將換得的水肥當作肥料。
收落髮	業者從一般庶民手裡回收掉落的殘髮，然後賣給專門製作假髮的髮髻商。他們一面四處遊走，一面吆喝「歐招耐（掉頭髮了嗎）」，所以這一行也叫做「歐招耐」。
收殘燭	一般家庭用剩的蠟燭被業者收購之後，重新做成新的蠟燭。
拾馬糞	小販沿街收集路上的馬糞，可用來當作肥料。
補破罐	補破罐的小販用釉當作沾黏劑，把破損的陶罐碎片黏合起來。
撿剩柴	每家湯屋派出專門撿拾木柴的夥計，用柴火燒熱水。
收舊傘	收購舊傘的小販把傘面的油紙更新之後可以再使用。
修雪駄	雪駄是一種草履，竹皮腳墊下面黏一層皮質鞋底。鞋底磨損後，修雪駄的小販可更換新底。
換木屐齒	有一種小販專門幫人更換磨損的木屐齒。

一方面，煤灰撒在刀傷、擦傷的傷口上，可以止血和保持傷口乾燥。

此外，江戶人在穿著方面也流行廢物利用，由於和服的價格十分高昂，大多數庶民身上穿的都是二手舊衣。

更值得一提的是，即使是穿舊的衣服，江戶人還是捨不得丟掉，有人拿去改成兒童的和服，也有人把零頭布剪下出售，總之，每件舊衣都不會白白浪費。

正因為江戶早已形成充分利用自然能源的社會，居民才能實踐不造成環境負擔的理想環保生活。

我們現代人當然不可能跟江戶庶民過著一樣生活，但他們的生活裡，卻充滿了值得我們學習、參考的智慧與經驗。

江戶軼聞 江戶人為了節省燃料，每天早上就把當天的三頓飯一次煮好，所以江戶人只有早餐才能吃到熱騰騰的白飯。

都市化引起嚴重水荒。幕府的對應手段是什麼？

家康在開闢江戶幕府之前，就已進行神田上水的整備工程。隨著人口日增，水荒現象也越來越嚴重。幕府便決定整備第二上水，也就是「玉川上水」，讓江戶市內的居民全都有水可用。

家康準備開闢江戶之初，最令他頭痛的問題，就是如何確保江戶城中的飲水。因為江戶原本就是鬧水荒的地區，不僅缺少飲水的水源，即使鑿井取水，挖出來的也是鹹水。江戶開府之後，住在長屋的庶民雖然都使用井水，不過井裡裝的不是地下冒出來的地下水，而是從水源地經由上水道送來的河水。

一五九〇年（天正十八年），家康為了準備開府事宜，指示家臣進行上水道整備工作。首先以井之頭池為主要水源，鋪設了把水引進江戶地下的上水道工程，也就是一般熟知的「神田上水」。

開發第二條上水

上水道的構造

上水道的構造是以木樋（木製水管）引流上水，中途再用竹樋（竹筒水管）將水分流至各處的上水水井。（東京都水道歷史館）

據說最早開鑿玉川上水的人是兩位江戶町人，由於開鑿有功，所以幕府特准他們以「玉川」為姓氏，並准許他們平時佩刀行走，但其他相關資料沒有留下紀錄。

江戶開府之後，人口迅速增加，神田上水很快就無法滿足居民的需要，水荒變成江戶城亟待解決的難題。一六五三年～五四年（承應二年～三年），幕府決定著手建設第二條上水。負責這項工程的是一對町人兄弟，名字叫做庄右衛門和清右衛門，後來大家就稱呼他們為「玉川兄弟」。這對兄弟以羽村（東京都羽村市）的多摩川為水源，順利完成了玉川上水的開鑿工程。總長度超過五十公里，利用自然的傾斜地形達到送水目的。如果當時的測量技術沒有達到相當高的水準，開鑿任務就不可能完成。

經由上水道引進江戶的水流，首先利用木樋引向市內，然後再用較細的竹樋分流到各處的水井。正因為江戶市區內完成了這種上水道設備，一般庶民才能毫無顧慮地暢飲清水。不過，這種上水道送來的飲水，並不是免費提供。因為開發與維護上水道都需要鉅額經費，所以長屋居民必須向幕府繳納水費，在當時叫做「水銀」。另一方面，玉川上水不僅解決了江戶的水荒問題，也給流經地區帶來莫大的利益，如武藏野地區，以往因為缺水所以不適人居，但是在玉川上水開鑿成功之後，當地便開闢了許多新田。江戶居民也因為有了上水道，生活變得更為舒適、便利，人人都認為上水道是江戶的驕傲，甚至還規定自稱江戶子的條件之一，就是「呱呱落地，人生第一次澡就能用水道水洗」。

挖掘出土的木樋

採用木質較硬的松木或檜木製成的木樋被鋪設在江戶城中各地。（東京都水道歷史館）

御茶之水的懸樋

上水流經河川或城河的上方時，採用一種叫做「懸樋」的水管輸送水流。（東京都水道歷史館）

江戶軼聞　「水銀」的金額，根據每戶住宅面對道路的大門寬度而定。因此，出現越來越多大門極窄的狹長型住家，甚至有「鰻魚的睡鋪」之稱。

物流 9

江戶是水都！沒有汽車、電車的時代如何運送物資？

江戶時代的物流主要是靠水路運輸。全國各地送到江戶的大量物資，全都在隅田川河口附近的河港上岸。不僅如此，江戶城內也是水路密布，整天都有人與貨在水上往來移動。

江戶時代沒有火車也沒有卡車，物流方式主要是靠水路。江戶是個大型消費城市，全國各地的食材、木材、酒、化妝品等，都是用船隻運來，然後分別在各種「河岸」登陸，河岸即是河港市場，譬如魚河岸、米河岸、鹽河岸、竹河岸等，總數多達七十種，集中在隅田川河口周圍地區。每種河岸各自擁有庫房，附近還有批發商聚集的商店街。大家只要想像一下現代物流中心的形象，就很容易了解了。

隅田川是當時的水上交通大動脈，下游經常擠滿了熙來攘往的船舶，先後進出城中的運河。每當我們看到那些描繪當時繁榮景象的浮世繪，心中就不免由衷感慨：江戶真不愧是一座「水都」。

庫房林立的日本橋

水道沿岸建造了許多庫房。畫面背景的遠處可以看到富士山與江戶城。北齋〈富嶽三十六景 江戶日本橋〉（山口縣立荻美術館 ‧ 浦上紀念館）

隅田川的河口附近

架設在隅田川入口的永代橋，附近的河面可以看到無數大小船隻正在往來航行。廣重〈東都名所永代橋全圖〉（國立國會圖書館）

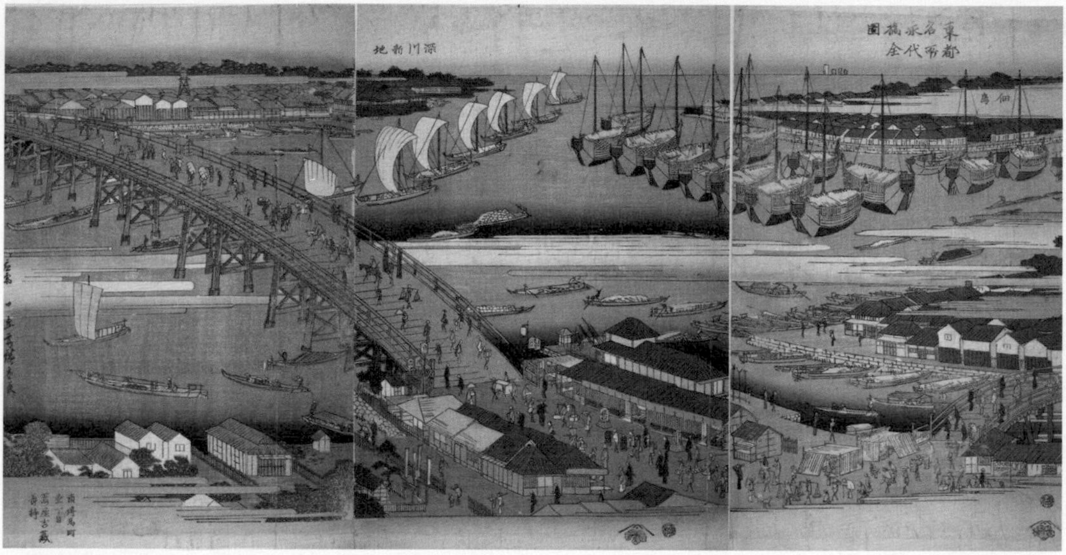

各式各樣的船隻

當時國內已能建造各式各樣的大小船舶。幕府決定採取鎖國政策之後，嚴格限制建造大型船舶，所以當時建造的船隻都以全長二十三到二十七公尺左右的「千石船」為主流。

而另一方面，「千石船」也是載重量一千石以上的船隻總稱。除了千石船之外，還有其他幾種類型，譬如船艙較深的「樽廻船」，專門裝載清酒木樽；「北前船」負責定期在日本海沿岸往返。隨著江戶的水運規模日趨擴展，連接全國各地的航線也變得越來越多。

城中的河川與水渠也能看到各式各樣的船隻，譬如載客遊河的屋形船，類似水上計程車的豬牙舟等。江戶城內到處都能看到運河，這些水路也是清風吹拂的通道。當時的江戶居民肯定無法想像今天東京市內的熱島現象吧。

可以乘載一名船家，加上數名乘客的豬牙舟。（深川江戶資料館）

乘客搭船或下船的場所叫做「船宿」，船隻在此載上客人前往娛樂場所。（深川江戶資料館）

 乘船比坐轎更省錢，所以庶民比較喜歡利用船隻。

魚河岸

10

沒有冰箱的時代，居民如何吃到鮮魚？

江戶的魚河岸（河岸魚市）位於日本橋，這裡也是江戶的市中心，漁民捕到的鮮魚在這裡上岸後，分別由小販用扁擔挑往大街小巷高聲叫賣。

魚蝦等海鮮類最重要的就是鮮度，當時還沒有冰箱，海鮮類食品如何送上庶民的餐桌呢？

當時，包括食品類在內的所有商品，都以日本橋周邊地區作為集散地，其中交易狀況最活絡的，就是魚河岸。這裡的魚蝦海鮮生意遠近馳名，跟中午的芝居町、晚上的吉原，並稱江戶三大產業。甚至還有人稱讚：「早上的魚河岸，每日成交達千兩。」根據一八五一年（嘉永四年）發行的魚蝦批發商名簿顯示，當時登記在冊的批發商共有兩百零九人，批發店則有一百二十六家。

每天清晨到中午，漁民把江戶灣捕到的海鮮魚類送到魚河岸待價而沽，江戶灣即是所謂的「江戶前」海面。鮮魚小販在這裡批進貨品後，再用扁擔挑著桶裡的海鮮，在街頭四處叫賣。另一方面，由於當時保存條件不佳，銷售的貨品中也包括大量加工食品，譬如乾物或佃煮。

江戶子熱切追逐的初鰹

當時的海產養殖業與漁業技術都不成熟，所以陳列在魚河岸的水產，只有大量當季海鮮，譬如春天的鯛魚、鮃魚，夏季的甘鯛、岩魚、鰹魚，秋季的鯖魚、鰺魚，冬季的鮭魚與鱈魚等。這些水產不僅來自江戶前，也有從房總半島或三浦半島等地送來的。

江戶子喜歡追求時髦，講究品嚐剛上市的「初物」，特別是五月左右捕捉上岸的「初鰹」，更是江戶珍品。當時甚

江・戶・漫・步

日本橋魚河岸發祥地

中央區日本橋 1-8-1 門前

這裡有一塊刻著「日本橋魚市場發祥地」的石碑，旁邊的紀念碑上，則有作家久保田万太郎親筆書寫的「江戶任俠精神發祥地」等文字。

日本橋魚市場的繁榮景象

江戶時代開始經營的日本橋魚市場，直到關東大地震被燒毀後才結束。畫中描繪了當時的熱鬧情景，有人挑著竹簍裡的章魚，還有兩個人才能挑得動的大鮪魚。國安〈日本橋魚市繁榮圖〉（國立國會圖書館）

至還有俗諺，吃了「初物」，就能「多活七十五天」，而「初鰹」的效力又比其他初物強過十倍，所以吃了初鰹，就能「多活七百五十天」。如果用現代的物價來換算，當時最高級的鰹魚最貴一條可賣到二十萬元。可真是驚人！當時不僅是富裕階層爭相競食初鰹，就連住在長屋的庶民也會合資購買，然後分切成小片，大家一起享受初物的美味。鰹魚的鮮度消失得很快，魚販通常只在中午以前挑出來兜售，有些人為了撿便宜，故意等到下午才去買剩下的減價品，結果反而吃壞肚子。所以當時有人寫過川柳詩：「好丟臉，醫生深知鰹魚價。」

宰殺初鰹的女人

每年第一次上市的鰹魚叫做「初鰹」，江戶子喜愛追求流行，人人都想搶先嚐到美味的時鮮，尤其是相模灣的鰹魚，據說味道最為鮮美。

豐國「十二月之內　卯月初時鳥」（國立國會圖書館）

江戶軼聞 江戶時代留下許多吟詠鰹魚的詩句，譬如：「放眼望出去，綠葉初鰹杜鵑啼」（山口素堂），「活初鰹，跳不出鎌倉」（松尾芭蕉）。

蔬菜市場 11

大量的品牌蔬菜在江戶近郊登場！蔬菜如何送到庶民手裡？

江戶近郊種植的蔬菜全都送到名為「野菜場」的綠色植物市場，然後再經由市內的蔬果店八百屋或菜販送到庶民手中。當時各地栽培出來的有名蔬菜，直到現代仍在繼續生產。

江戶近郊的地形富於變化，適合栽種各種蔬菜。各地蔬菜收成之後，經由河川、運河或陸路送到名叫「野菜場」的青物市場，市集氣氛跟魚河岸一樣熱鬧活絡。

據說「野菜場」的名稱由來，是因為批發商參加蔬果拍賣時，嘴裡不時發出「呀掐（やちゃ）」的叫喊聲（「好喔」之意），跟「野菜」發音相近，所以才有了這個名稱。

幕府指定的御用青物市場共有三處，分別位於神田、千住和駒込，並稱「江戶三大市場」。除了這三處，後來品川、下谷、本所、兩國等地也自然形成了各地的青物市場。

青物市場批發的蔬菜，有些放在八百屋出售，有些由菜販挑著扁擔在市內四處兜售。

品牌蔬菜登場

當時庶民喜歡的蔬菜有哪些呢？據說有些特別受歡迎的蔬菜後來甚至變成有名的品牌，譬如練馬蘿蔔、江戶川小松菜、千住大蔥、谷中生薑都是典型的代表。一年四季還有種類繁多的蔬果上市，春季有生薑、三葉芹，夏季有牛蒡、西瓜、白瓜，秋季有番薯、茄子，冬季則有蕪菁等。

另一方面，稻米也從全國各地運往江戶，米河岸位於日本橋伊勢町。庶民餐桌上的米飯通常來自「米屋」，也就是稻米零售商「搗米屋」。

重現江戶街頭的八百屋。店裡陳列著蘿蔔、紅蘿蔔、瓜類。（深川江戶資料館）

駒込的野菜場

模型再現秋季早晨的駒込野菜場，市場內擠滿了商人、運送蔬菜的車輛、馬匹，還有往來交錯的行人，十分熱鬧。駒込野菜場販賣的蔬菜大多數是沾滿泥土的菜類，譬如蘿蔔、紅蘿蔔、牛蒡、芋類，所以也被稱為「駒込土物店」。（文京鄉野歷史館）

種植蔬菜不能沒有肥料，但當時還沒有化學肥料，所以庶民的水肥（屎尿）就變得非常珍貴，交易方式是以水肥交換蔬菜。另外，掉落在路邊的馬糞也有專人撿拾，然後集中拿去製成肥料。

庶民的晚餐除了米飯、味噌湯之外，只有一兩樣菜品，大致是以蔬菜和海藻類為主，價格昂貴的魚類很難在餐桌上出現。或許有人認為江戶人的晚餐太過簡陋，但他們重視當令食材的健康觀點，應該算是現代人的理想飲食吧。

江・戶・漫・步

京橋大根河岸青物市場遺跡

中央區京橋 3-4 門前

京橋川河岸從京橋一直綿延至紺屋橋，從前是以大根（白蘿蔔）為主的批發市場，也叫做「大根河岸」，營運直到大正時代才結束。除了江戶三大市場之外，各地的青果市場都是自然形成，並在庶民生活中提供食材取得的便利。

江戶軼聞　江戶時代開始積極栽培柿子、葡萄之類的水果，將軍家特別喜歡吃一種蜜瓜變種的香瓜。

火災起，消防隊員大顯身手。哪些組織參加滅火行動？

江戶的「火消」（消防隊員）主要分三類：大名火消、定火消、町火消。其中以町火消的人數最多，「火消」的英勇姿態被讚為「江戶之花」，也是江戶子崇拜的對象。

江戶城中經常發生火災，但在幕府剛成立不久的時候，城裡並沒有消防組織，只有一些自衛性質的基本消防人員，譬如武士家族的住宅地，是由大名和旗本負責；町人住宅區則由町人負責。但由於城內屢屢遭到火災損害，幕府最後終於出面組成了三種消防組織。

最先完成組織化的是「大名火消」，由十六家大名共同組成四組消防隊。其中尤以加賀前田藩的消防隊「加賀鳶」最有名。大名火消的四組隊員以十天為單位，輪流負責江戶的消防任務。一六五七年（明曆三年），江戶城內發生明曆大火，揭露了「大名火消」的極限。於是，幕府又再指定四戶旗本，命令他們組織專門負責消防的「定火消」，並成立消防站。另一方面，町奉行大岡忠相組織町人，創設民間消防隊「町火消」。之後，町火消的規模逐年擴大，最後發展成為「いろは四十八組」。四十八組人員還以十組為單位，

纏與半纏

消防隊每個小組都有專屬旗幟，叫做「纏」，只有隊中的英雄人物才有資格出動救火時負責舉旗。「纏」的頂端有個象徵芥子（罌粟）的圓球，下方的四方形物體則象徵一升容器，因為「芥子」的發音「けし」，與「升」的發音「ます」連起來，就是「消火（けします）」的發音。芳虎〈一番組・い組〉（國立國會圖書館）

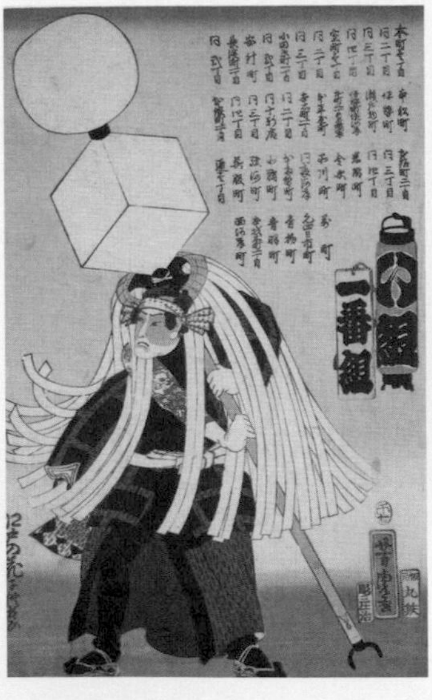

每組隊員身穿各具特色的「半纏」。芳虎〈六番組・う組〉（國立國會圖書館）

町火消的始業式

一八五八年（安政五年）的作品裡描繪了消防隊員「初出」（新年始業式）的情景。畫中可見各組的「纏」和竹梯。芳年〈江戶之花童戲圖〉（消防博物館）

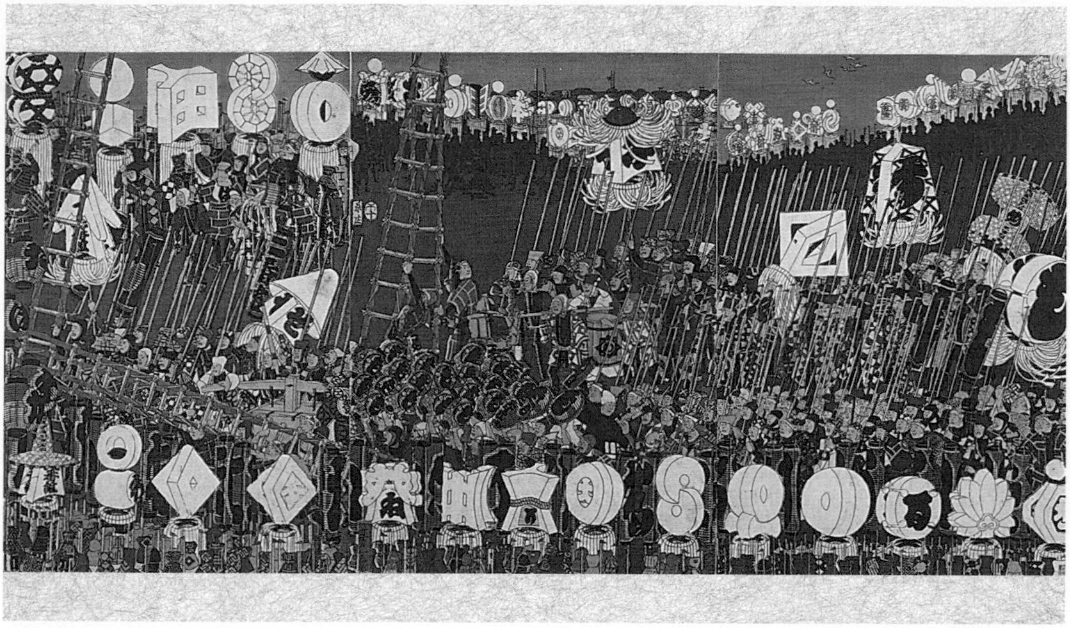

另組大隊去支援其他地區。據說當時江戶共有近一萬名消防隊員，大部分都是在建築工地幹活的町人，遇到必要的時候，特准他們進入武士宅邸或江戶城樓去進行滅火任務。

消防隊員的英姿受人崇拜

消防隊員到達火災現場後，採用一種叫做「龍吐水」的手壓式噴水機進行滅火，但是火勢如果不斷增強，這種設備就一點也派不上用場。所以當時的滅火行動主要是以防止延燒為重點，也就是盡快拆除下風口周圍的建築。

各組町火消都有各自的旗幟與制服，稱為「纏」與「半纏」，每當火災消息傳來，各組隊員立即迅速出動，希望率先趕到現場。這種充滿男子氣的英勇姿態，被大眾譽為「江戶之花」，多次成為歌舞伎狂言或浮世繪歌頌的題材。

各組消防隊的「纏」設計得爭奇鬥豔，各組負責舉「纏」的隊員到了火災現場，便把「纏」豎在屋頂上。（消防博物館）

「龍吐水」噴水的高度至多只能到達屋頂。（消防博物館）

町火消曾在黑船來航時負責城中警衛工作，戊辰戰爭時也擔負起維持市內治安的任務。

離江戶最近的宿場町。「江戶四宿」是指哪裡？

「江戶四宿」是指品川宿、板橋宿、千住宿、內藤新宿的總稱。這四處宿場町不僅是旅客必訪之地，也是庶民喜歡前去消費的繁華街。

江戶時代全國的重要道路包括：東海道、中山道、日光街道、奧州街道、甲州街道，這五條道路並稱為「五街道」，起點都是日本橋。

旅行者從日本橋出發後，很快就會來到距離江戶最近的宿場：東海道的品川宿、中山道的板橋宿、日光街道與奧州街道的千住宿、甲州街道的內藤新宿。這四處宿場町都是商業繁盛的市集，並稱為「江戶四宿」。

其中以品川宿的發展規模最出色。品川自古就是繁榮的海運據點，後來因為開設了宿場，便成為江戶通往近畿地區的陸路、海路玄關，市況更加興盛。宿場內還有紅燈區，青樓豔妓的盛名僅次於江戶的吉原。附近還有很多寺院，前來參拜的庶民絡繹不絕，所以品川不僅是旅行者的必經之地，更是廣受大眾歡迎的旅遊勝地。

中山道則是經由木曾街道前往京都的必經之路。途中距離江戶最近的宿場是板橋宿。由於許多參勤交代的大名喜歡走中山道，板橋宿因而發展成為大型宿場。根據一八四三年（天保十四年）的紀錄，當時板橋宿的旅店共有五十四間，可同時容納兩千五百人住宿。

品川宿

周圍有很多寺院與度假勝地，譬如像御殿山、增上寺等，都離江戶很近，所以到訪的庶民特多，附近餐飲店林立。廣重〈江戶名所之內　品川驛海上〉（國立國會圖書館）

具備多種功能

千住宿是日光街道與奧州街道的宿場，也是通往水戶街道、下妻街道等「脇往還」（五街道以外的重要道路）的分歧點。另一方面，各地藩主前往日光參拜時擺出的「大名行列」（伴隨藩主出行的儀仗隊伍）也經常出入千住宿。若以現代的眼光來看，千住宿大概相當於高速公路轉運站旅館吧。千住宿場町境內被荒川分成兩半，後來架設了千住大橋。

中州街道是連結江戶與甲府的重要道路，主要功能是便利民眾前往富士山參拜，同時也是重要的貨物輸送路線。一七一八年（享保三年），這條路上的宿場町・內藤新宿一度廢止，後來又在一七七二年（安永元年）重新開放，青樓女子越來越多，宿場町也日漸繁榮。

綜上所述，江戶四宿不僅扮演了幹道休息站的角色，也同時兼備歡樂街的功能。

板橋宿

位於石神井川渡口的板橋逐漸發展為地方中心。溪齋英泉〈木曾街道六拾九次　第二木曾街道板橋之驛〉（板橋區立鄉土資料館）

內藤新宿

內藤新宿跟品川宿一樣發展得十分迅速。廣重〈名所江戶百景　四谷內藤新宿〉（國立國會圖書館）

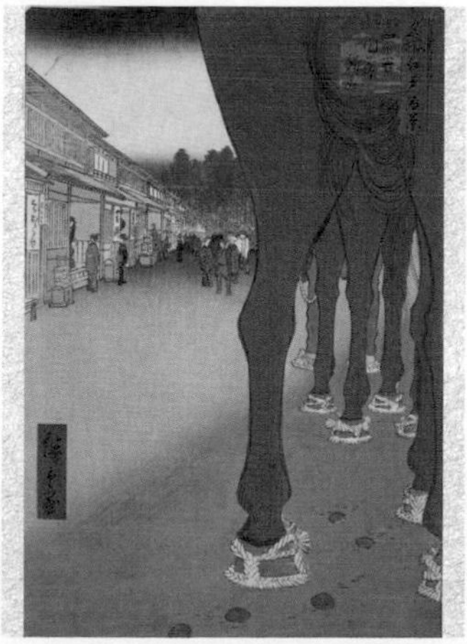

千住宿

架設在千住宿境內的千住大橋，兩岸旅館密集。廣重〈名所江戶百景　千住大橋〉（國立國會圖書館）

有句俗話說：「四谷新宿有馬糞。」由此可知很多運貨的馬匹都從內藤新宿有路過。（注：後半句是「菖蒲處處開滿地」，菖蒲暗指妓女。）

第一章內容檢測題

讀完第一章之後，你對江戶是否更了解呢？請回答下面的試題，確認一下吧。

問題

1. 最早創建江戶城的人是太田道灌。家康於（①）年進入江戶城，等到秀吉去世後，他才繼續推進江戶的開發建設。

2. 江戶開府初期，城區的範圍比較模糊不清，後來因為城市規模不斷擴張，不得不明確規定市區範圍。一八一八年（文政元年），幕府才用（②）標示出府內與府外的區別。

3. 江戶時代採用以月亮盈虧為標準的太陰曆。太陰曆的一年（③），比太陽曆稍短，每隔三年需要加入一個閏月。

4. 江戶時代使用的貨幣有三種：金幣、銀幣、錢幣。江戶主要是使用（④）。

5. 江戶幕府的重大課題是確保居民的飲水。神田上水建成之後，幕府又於一六五四年（承應三年）完成（⑤）的工程。

6. 江戶的物流主要依靠水上交通，其中以載重量一千石以上的船為主流，並稱之為「（⑥）」。

7. 日本橋魚河岸的交易盛況跟中午的芝居町、晚上的吉原齊名，有人甚至形容那種熱絡的交易場面是：「早上的魚河岸，每日成交達（⑦）。」

8. 江戶近郊的地形富於變化，適合栽種各種蔬菜。各地青果蔬菜的流通場所分散在江戶三大市場，分別位於神田、千住、（⑧）。

9. 江戶是個火災特多的城市，幕府因此設置了三種消防隊：「大名火消」「（⑨）」和「町火消」。

10. 日本橋是五街道的共同起點，每條道路距離江戶最近的宿場分別是：品川宿、板橋宿、千住宿、（⑩），並稱為「江戶四宿」。

解答

【1】一五九〇年（天正十八年）【2】朱引【3】三百五十四天【4】金幣【5】玉川上水【6】千石船【7】千兩【8】駒込
【9】定火消【10】內藤新宿

第2章

原來江戶人這樣生活！

江戶時代還沒有電器用品、汽車。相信大家都會以為，江戶人的生活一定很不方便吧？其實，江戶子善用頭腦與巧思，永遠不忘幽默，所以他們的生活總是舒適又充滿歡樂。這一章，就讓我們從庶民的角度，來觀察一下當時的生活吧。

月租單間小套房！庶民的裏長屋生活是什麼感覺？

七成的江戶町人都住在所謂的「裏長屋」裡。這種狹窄的居住空間，其實就是用簡陋的木板將細長的房屋隔成許多小間。裏長屋的居住環境雖然毫無隱私可言，但因為鄰居之間交往非常親密，居民反而能夠享受充滿人情味的生活。

標準的裏長屋面積是「九尺二間」，也就是說，大門開口的那面牆壁寬度是九尺（約二・七公尺），房間深度為二間（約三・六公尺）。所以面積約為三坪（六疊榻榻米），實在是非常狹窄。大門進口處的空間是泥土地，地面架設爐灶，屋內除掉放置棉被的位置，實際可用的面積只有四疊半榻榻米。整棟長屋的構造看起來很像現代的平房公寓，這種分隔為許多房間的長屋，通常都是一連數棟或數十棟，住在每個房間裡的家庭緊密相接，比鄰而立。長屋前方有排放污水的泥溝，也就是所謂的「下水溝」，溝上覆蓋木板，所以這種建築也被稱為「泥溝板長屋」。裏長屋的租金根據地段與建築結構而定，譬如在文政年間（一八一八－一八三〇年），每月租金約為八百文至一千文，若以當時的一兩等於現代的十萬元來換算，裏長屋的月租大約是現代的兩萬元至兩萬五千元左右。如果房間「有問題」，就跟現代一樣，也可以減低租金，譬如曾經有人在屋中上吊的房間，就可以減價一百文。

裏長屋的住戶之間只有一層很薄的壁板相隔，有些木板牆上還有小洞，真可說是一點隱私都沒有。鄰居的嬰兒啼哭或夫妻吵架，都能聽得一清二楚。但另一方面，鄰居間經常互借食材，還能享受「井戶端會議」的樂趣，這種裏長屋的同居生活能讓庶民感受到濃厚的人情味。

公共水井位於長屋的一角。居民從井裡汲取飲水，也在井邊煮飯、洗衣，同時享受談天說地的歡樂，這種井邊的庶民聚會也稱為「井戶端會議」。（深川江戶資料館）

長屋的洗手間叫做「廁」，也是居民共用。（深川江戶資料館）

房東就像父母

對裏長屋的房客來說，房東就像父母。不過，所謂的房東並不是真正的屋主，而是受雇的管理人。住戶簽約之前，房東要先對房客進行身家調查；房客出門旅行之前，房東還要為他們發行「關書手形」，也就是沿途通過關卡時必須出示的身分證。更令人驚訝的是，房客想要娶妻成家時，也要先獲得房東的許可。但是相對的，萬一房客失業了，房東會提供援助，房客夫妻發生爭執，房東也會出面排解……由此可見房東確實扮演著大家長的角色。

船宿裡船老大住宿的裏長屋

一般庶民的生活都很簡樸，家裡沒有什麼家具，因為江戶經常發生火災，任何人都可能被火燒得無家可歸，所以江戶人的觀念裡，都認為身邊的物品越少越好。（深川江戶資料館）

家人同居式的長屋生活

面向大街的表長屋比裏長屋的面積更寬敞，通常是蔬果店、魚店的經營者居住，室內隔成店鋪與住宅兼用的式樣。表長屋旁邊的木板門內有一條小巷，直通巷內的裏長屋。小巷的地面鋪著木板，居民的生活污水（下水）從木板下面流過。

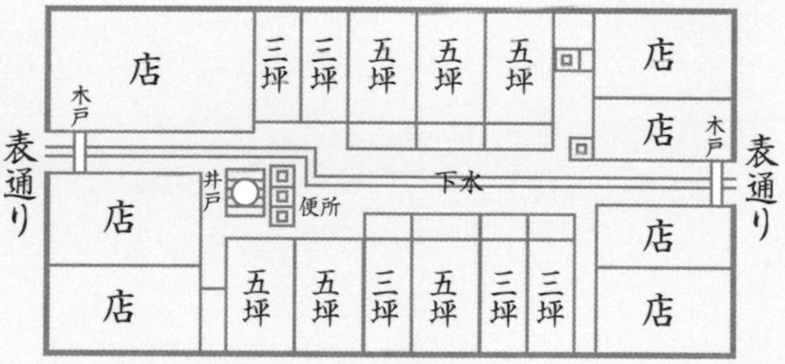

小巷的寬度僅容兩人錯身而過。
（深川江戶資料館）

 每年七月七日七夕當天，所有房客都在房東指揮下，一同攜手打掃長屋的水井，這項工作也是長屋居民的例行活動。

湯屋

15

錢湯是熟客的社交場所，他們在湯屋如何打發時光？

對江戶子來說，去錢湯是每天的例行活動。幕府末期江戶共有六百家湯屋，每家湯屋裡面都擠滿了顧客。湯屋二樓通常設有男性專用空間，也是從事各行各業的顧客談天說地的社交場所。

大家都知道日本人是喜歡洗澡的民族，江戶子當然也不例外。但因為水和柴火在江戶都是極為貴重的資源，萬一不慎引起火災，還會被判重刑，所以一般庶民家中都沒有浴室，就連富商或大戶人家的子女，也是每天到湯屋（錢湯）去洗澡。

據說，江戶子不但每天一定要洗澡，甚至有很多人會一天去洗好幾次澡。

幕府末期的江戶城中共有六百間湯屋，以當時的人口比例來看，這個數字並不算多，所以每家湯屋總是擠得水泄不通。江戶初期的湯屋通常都是男女混浴，當時因為浴室裡光線昏暗，洗澡的人彼此看不清，而且男女都肯遵守入浴禮節，混浴倒也沒有惹出過什麼麻煩。一七九一年（寬政三年），幕府以混浴為不良風俗為由，規定男女浴場必須分開。

但是對湯屋來說，分別設置男女兩個浴池，燃料費當然也會加倍。為了節省燃料費，有些湯屋只肯在浴池裝上簡陋的隔板，也有些湯屋改以男女隔日輪流的方式經營。據說禁止混浴之後，很多湯屋流行在二樓地板挖個洞，讓顧客偷窺女客洗澡。其後，禁止混浴與解禁總是不斷重複上演。

木盆洗澡的孩子

江戶居民有時把孩子放在木盆裡洗澡。國貞〈風流十二月之水無月〉（北九州市立美術館）

湯屋的女湯

畫中正在幫女性擦澡的男工叫做「三助」。洗浴場的牆上貼著很多廣告傳單，叫做「引札」。

國周〈肌競花之勝婦湯〉（國立國會圖書館）

熟客的社交場所

湯屋的營業時間是從每天早上八點到晚上八點。但為了防止火災，吹大風的日子暫停營業。入浴費每個大人八文（約等於現代的一百二十元）。如果每天都去洗澡，還有一種叫做「羽書」的月票，只要付一百四十八文，每天就可隨意洗上數次。

顧客進入湯屋後，先在櫃台繳入浴費，然後到浴場沖洗身體，同時用裝入米糠的小布袋摩擦全身。

江戶人的洗澡水以滾燙著名，據說約有攝氏四十七～四十八度。

男湯部的二樓原本是武士放置衣物與長刀的地方，後來逐漸開放給一般庶民利用，進而變成各種身分的熟客輕鬆休憩的社交場所。湯屋在這裡為顧客準備了茶水、點心、煙草盆，洗完澡的熟客聚集在這兒聊天、下象棋，其樂無比。

江戶祕話　洗澡規矩非常多

浴池裡籠罩著煙霧，後來的顧客看不清池中情景，經常發生碰撞事故，所以一般人都先說一句：「樹枝（指手腳）掃過來嘍。」這是入浴的禮節，或者，也可向其他顧客說聲：「很冰喔。」（對不起，讓你碰到我冰冷的身體。）或是：「我從鄉下來的。」（若有失禮之處，請原諒。）

江戶軼聞　江戶的湯屋門口都掛著一把木弓和木箭。因為「射箭」的日文發音「弓射る（ゆみいる）」，跟「洗澡」的日文發音「湯に入る（ゆにはいる）」十分接近。

庶民也經常享受外食，江戶子究竟吃些什麼？

一般家庭每天只吃一兩樣菜餚。提供速食的小吃攤在當時很受歡迎，獨身男性的日常飲食幾乎都在小吃攤上解決。

日本庶民普遍養成一日三餐的習慣，是從元祿年間（一六八八～一七〇四年）開始的。在那之前，一般人通常只吃早晚兩餐。

庶民開始吃白米飯，也是從元祿年間開始，但是三餐只吃白米飯，很容易引起腳氣病。這種疾病在日本被稱為「江戶病」。

當時一般庶民的飲食每天只有一兩樣菜餚，經常出現在餐桌上的小菜包括：醃菜、佃煮、水煮蔬菜等。豆腐在當時算是奢侈品，庶民普遍開始吃豆腐，是在江戶後期，一七八二年（天明二年），專門介紹豆腐料理的食譜《豆腐百珍》出版後，立刻成為當時的暢銷書。江戶庶民也喜歡吃江戶前海灣捕到的鮮魚，但因為海鮮價格十分昂貴，庶民不可能經常吃到。

小吃攤食物變成日常餐點

裏長屋的居民以單身男性為多，所以移動式小吃攤的食物很受歡迎，這些小吃攤出售的食物相當於現代的速食，譬如蕎麥麵、烏龍麵，還有茶飯（茶水烹煮的米飯）、烤年糕、烤番薯、蒟蒻田樂（沾味噌醬食用的蒟蒻）等，種類相當豐富。到了江戶後期，天婦羅、壽司之類的小吃攤也很受歡迎。由於價格便宜、氣氛輕鬆，很多江戶人都把這種小吃攤食物當成日常餐點。

之後，江戶逐漸展開都市化，市民的生活比從前更安定，茶屋、料理茶屋也越來越多。後來到了明和年間（一七六四～一七七二年），高級料亭在市內各地開張，很受武士、商人、文化人的喜愛。

跟農民比，江戶子的飲食種類算是非常多樣。當時日本鄉下的農民，幾乎連白米飯都很難吃

江戶祕話

連這些東西都吃

根據當時的紀錄顯示，鳥類對江戶人來說算是普通食材，除了雉雞、水鴨之外，鶴、鷺鷥、鸛鳥、烏鴉等都是可以吃的。反而是能夠報時的雞類，在當時被視為寶貝，沒人拿來當作食物。此外，貓、狗、鼠、鼬、獺等動物，在當時也有人吃。由此可見，江戶人是很貪吃的。

屋台（小吃攤）相當流行

每年一月與七月的二十六日晚上叫做「二十六夜待」，有拜月的習俗。圖中是高輪海邊拜月活動的情景。可以看到各式各樣的小吃攤。廣重〈東都名所高輪廿六夜待遊興之圖〉（山口縣立荻美術館・浦上紀念館）

高級料亭登場

圖中是一七　七年（享保二年）創業的「八百善」，這家歷史悠久的高級料亭至今仍在營業。廣重〈江戶高名會亭盡　山谷〉（國立國會圖書館）

到，造成這種狀況的背景，是因為各地生產的各種食材，全都運到大消費城市江戶來了。因為江戶人不僅容易找到工作，手頭也有餘錢享受美食。

江戶軼聞 江戶時代的菜餚普遍避免使用動物肉類，後來因為十五代將軍慶喜愛吃豬肉，所以從幕府末期起，一般人也逐漸願意接受豬肉、鹿肉的料理。

酒 17

工作結束後喝杯小酒！江戶街頭居酒屋林立？

江戶時代的酒屋都是讓工人站在店門外喝酒，這也是現代居酒屋的原型。後來，酒屋開始向顧客提供下酒菜，「居酒屋」這個名詞開始逐漸深入人心。

江戶是個講究外食文化的地方，當然滿街都能看到居酒屋。其實在那之前，早期江戶人想喝酒的時候，都是拿著小酒瓶到酒屋去買酒，再帶回家去喝。後來，有些酒屋開始向工人階級提供服務，讓他們站在店門口喝酒。而酒客有了酒，當然會希望有些下酒菜，所以這些酒屋便為酒客準備一些簡單的小菜，居酒屋就這樣誕生了。

當時那些居酒屋當中，最受歡迎的是位於神田鎌倉河岸的豐島屋。元文年間（一七三六～一七四一年），這家小店開始販賣豆腐田樂（沾味噌醬食用的豆腐料理），由於價廉物美，一串只要二文（今天的日幣三十元左右），而且豆腐塊很大，酒錢又便宜，所以立刻吸引了大批酒客，店頭總是擠滿了顧客。之後，其他酒屋也模仿豐島屋，提供各種酒菜，慢慢地，這類商店越來越多，就連專賣煮魚、煮芋頭之類的熟食店，也都開始向顧客提供酒水了。

江戶後期居酒屋逐漸普及

作家十返舍一九在一八一四年（文化十一年）出版的《東海道中膝栗毛》裡，有個主角叫做彌次，他曾提到一家「居酒屋金榮」，可見當時居酒屋在庶民生活中已很普遍。

生意興隆的豐島屋

豐島屋的田樂料理深獲好評，顧客從工人到武士都有，每天店裡都是人山人海。〈江戶名所圖會　鎌倉町豐島屋酒店〉（東京都立中央圖書館特刊文庫）

寒冷的季節酒客喜歡把酒加熱以後再喝，但當時並沒有今天的陶製小酒瓶，而是把一種叫做「其洛立（チロリ）」的金屬小酒瓶放在熱水裡加熱。當時的居酒屋裡沒有椅子，酒客不是跪坐在榻榻米上，就是坐在酒桶上喝酒。

新酒到貨

新酒送到新川批發商店的情景。每年的新酒到貨都是喜氣歡樂的例行活動，船隻一靠岸，立刻敲響太鼓通知大家。〈江戶名所圖會　鎌倉町豐島屋酒店〉（東京都立中央圖書館特別文庫室）

裝酒女郎

酒桶旁邊擺著金屬小酒壺。豐國〈十二月之內　卯月初次時鳥〉（國立國會圖書館）

江戶祕話

江戶人喝的清酒大部分都是從京都附近運來的「下酒」。新川是下酒批發商聚集地，每年初秋時節，載滿新酒的船隻爭先恐後地駛到新川。江戶中期以前以伊丹為清酒最大產地，之後，灘（地名）成為清酒釀造重鎮，又因為灘酒不含雜質，深受顧客喜愛，所以有「灘之生一本」（「生一本」指清酒的質量十分純淨）之稱。

關東近郊雖然也有釀酒工廠，但被酒客稱為「地迴惡酒」（地迴為「當地製造」之意），風評極差。然而，後來負責推進「寬政改革」的松平定信認為，輸入的下酒耗費了江戶大量錢財，實不足取，所以他曾在關東大力推廣培育釀酒業，但是製造出來的成品卻無法超越京都的清酒，下酒在江戶始終深受庶民喜愛。

 江戶時代的居酒屋門口都掛一扇「繩暖簾」做為標誌，所以後人便把居酒屋叫做「繩暖簾」。

人氣商店 18

伊勢屋、近江屋、越後屋——哪種大店有人氣？

江戶的城市化日益發展，上方的商店陸續前往江戶開設支店。大部分的吳服店都集中在日本橋附近，許多大商店比鄰而立。更值得一提的是三井越後屋，也就是現在三越百貨公司，當時靠著獨特的商法，把生意越做越興盛。

幕府在江戶設立據點後，唯利是圖的伊勢、近江等地商人看準了江戶的人口必定大增，將來可以賺大錢，所以爭先恐後前往江戶開設支店。也因為如此，當時很多商店都把江戶支店取名為「伊勢屋」或「近江屋」。這種現象甚至促成一句俗語誕生：「滿街盡是伊勢屋。」

這些大商店的江戶支店大多集中在日本橋周圍，京阪地區的貨品都是用船運到日本橋，江戶人認為這些來自上方的貨品極為珍貴，稱之為「下物」（上方下賜之物），反而對江戶近郊的產品不屑一顧。

三井越後屋的繁盛景象

「下物」當中利潤最高的商品是衣料，所以當時在日本

吳服屋店内

越後屋駿河町店的買賣。天花板上懸掛著各賣場負責人的名字。豐春〈浮繪駿河町吳服屋圖〉（三重縣總合博物館）

橋周圍開了很多家吳服店，其中又以三井越後屋最受矚目，因為越後屋推出「現金交易，概不賒欠」的交易方式。之前，一般的商店都是先交貨，後結帳，但是越後屋堅持只收現金，而商品價格可以酌情降低。這種獨特的商法推出後一炮而紅，越後屋的生意也越做越興隆，後來甚至還被幕府指定為特許吳服店。根據資料顯示，一七四五年（延享二年）的越後屋每日進帳金額高達六百兩黃金。之後，越後屋更增設了貨幣兌換部，這個部門也就是三井財閥的前身。

越後屋的總管、店員、學徒等職員都是從近江總店派來的，他們平時都用近江方言進行交易，也在店裡營造出獨特的氣氛。

江・戶・漫・步

日本橋三越

中央區日本橋室町 1-4-1

三井越後屋之名省略後成為現在的三越。本店現在仍位於越後屋所在的舊駿河町。三井越後屋在一六七三年間只是店門約九尺的小商店，後來擴展成為江戶最具代表性的吳服屋。

 日本人習慣謙稱自己的東西「不好（下らない）」，這個字眼就是從「下物（下り物）」變化而來。

年中例行活動 19

正月、雛祭、七夕……庶民喜歡哪些例行活動？

江戶子舉辦的各種年中例行活動裡，很多活動一直流傳到現在，其中以五節句最受重視，譬如像雛人形、鯉魚旗、七夕裝飾等，當時那些活動內容幾乎跟現代一模一樣。

江戶子對自己的文化深具信心，剛好當時的娛樂生活比較貧乏，所以大家都很重視一年四季的例行活動，其中有些活動從江戶時代一直保存到現在，也有些活動已被人遺忘了。

舉例來說，譬如現代人過新年的方式，就跟江戶時代完全相同。每年元旦早上，全家一起喝屠蘇酒，吃年糕湯，然後到神社去「初詣」（新年第一次到神社參拜）。元旦到一月三日之間大家都會到親朋好友家拜年，商店從元月二日舉辦清倉大拍賣等，這些習俗都跟現代一樣。

非常重視五節句

在一年的各項例行活動裡，江戶子最重視的是象徵季節的「節句」。另一方面，因為幕府也認定五節句是正式例行活動，所以這些活動早已融入一般庶民的生活。

所謂的五節句包括：一月七日的「七草」（人日）、三月三日的「桃之節句」（上巳）、五月五日的「菖蒲之節句」（端午）、七月七日的「棚機（たなばた）」（七夕）、九月九日的「菊之節句」（重陽）。桃之節句那天家家戶戶都用雛人形作為裝飾，端午當天則升起鯉魚旗，七夕的裝飾上掛滿寫著心願的紙條等，這類習俗，現在仍在民間流傳。至於「菊之節句」，一般人或許覺得比較陌生，但是江戶人卻深信，菊花能夠驅邪延壽，據說當時有個習俗，每年九月八

正月

江戶時代的羽子拍、放風箏等新年遊戲都跟現代相似。溪齋英泉〈十二個月之內　正月　春之遊〉（國立國會圖書館）

江戶子全年重要活動

一月	一月七日之前叫做「松之內」。大家一起喝屠蘇酒、吃年糕湯。元旦當天到神社參拜叫做「初詣」。正月一日至三日到各處拜年。一月七日吃「七草粥」。
二月	第一個午日是稻荷神社祭典。春分的三天前到春分的三天後，這七天之間叫做「彼岸」。
三月	三日的「雛祭」是屬於女孩的祭典。大家把紙製或土製的「雛人形」陳列出來，並用桃花當作供品。雛祭結束後，賞櫻的季節就到了。
四月	一日是換季的日子，從夾衣換成單衣。八日是釋迦牟尼的生日，舉行灌佛會，各地寺廟都舉行花祭。
五月	五日的「端午節」是屬於男孩的祭典。家家升起鯉魚旗，門前掛上菖蒲草作為裝飾。二十八日是隅田川開河的日子。
六月	一日是富士山開山的日子。九日在鳥越神社，十五日在山王權現分別舉行祭典。
七月	七日是七夕。大家在紙條上寫下心願，然後把紙條掛上竹枝。
八月	一日叫做「八朔」，是家康進入江戶城的日子，各藩大名都穿上白絲麻單衣，進入江戶城樓參拜將軍。十五日是中秋節。
九月	一日是換季的日子，從單衣換成夾衣。九日是重陽節（菊花節）。十五日神田神明舉辦祭典。十六日芝神明舉辦祭典。
十月	第一個亥日叫做玄豬，舉辦祭典預祝子孫繁盛。二十日商家舉辦祭典，叫做「惠比壽講」。
十一月	各地鷲神社在酉日舉辦「酉市」。十五日是七五三祭典。
十二月	八日是「準備過新年」的日子，家家戶戶開始進行迎接新年的各項活動。十三日大掃除，除夕夜各地寺廟敲響除夕鐘聲。

日晚上要把棉花覆蓋在菊花上，等到第二天菊之節句的當天，再用沾了菊花露水的棉花擦拭身體。除了上述的五節句之外，祝願孩童順利成長的「七五三」，也是重要的例行活動。

鯉魚旗

當時市內並沒有高大建築物，飄揚在空中的鯉魚旗看起來一定很美吧。廣重〈名所江戶百景　水道橋駿河台〉（國立國會圖書館）

七夕

竹枝製作的七夕裝飾，在大街小巷隨風搖曳。廣重〈名所江戶百景　市中繁榮七夕祭〉（國立國會圖書館）

江戶軼聞　「七五三」這個名詞，據說最早是由吳服店想出來的，主要目的是為了促銷和服，提高銷售量。

伊勢參和富士講都很流行。江戶子都是虔誠信徒？

江戶子喜歡求神拜佛，江戶市內的街頭到處都有稻荷神社，寺院神社的信眾人數也很多。當時流行的伊勢參與富士講並不只是單純的信仰，而有點像是順便遊山玩水的旅遊活動。

江戶子篤信神佛的程度，現代人是很難想像的。或許也因為當時有很多事情無法用科學解釋，才會造成這種結果吧。

江戶城裡幾乎到處都能看到稻荷神社，庶民不論大事小事，都會去向大神求助。稻荷大神引導世人追求的，是現世的利益。可能這一點剛好符合都市的合理性，所以稻荷信仰才能在庶民之間廣泛流傳。另一方面，江戶子對於每間寺院神社都瞭如指掌，自己遇到什麼問題時，該去求哪位神佛，大家心裡非常清楚。

江戶中期，日本國內交通已大致建成，庶民能夠便捷地前往各地旅行，所以像伊勢參、富士講、大山詣等在庶民之間都很流行。其中尤以參拜伊勢神宮的信仰最受民眾信服，幾乎每個人都覺得自己一生當中應該到伊勢參拜一次。不過，當時的旅行只能靠徒步，從江戶一路走到伊勢，是非常艱鉅的任務。所以最常見的方式，就是由信徒共同組成「伊勢講」，講社的會員以分期付款的方式一起存錢，等存到相當的金額後，再雇用壯年男子代替會員到伊勢神宮參拜。

附帶旅遊的信仰之行

富士講

畫中可見登上富士山的白衣參拜者。北齋〈富嶽三十六景　諸人登山〉（山口縣立萩美術館・浦上紀念館）

朝參（晨間參拜）的女人

三個前往朝參的女人從永代橋上經過。廣重〈開帳朝參之圖〉（神奈川縣立歷史博物館）

「富士講」是信奉山岳信仰的宗教團體，江戶時代曾經一度流行，甚至還留下一句俗語：「江戶八百八講，講中八萬人」。富士講也跟上述伊勢講一樣，通常是由信徒組成「講」，再以抽籤方式推派代表前往富士山參拜。參拜者全身穿著白衣，打扮成修行者的模樣去爬富士山，另一方面，教會組織還在江戶各地建造外型貌似富士山的假山，讓那些無法親自前往富士山的信徒參拜。

參加伊勢參或富士講的信徒不僅是為了參拜，同時也希望逃脫日常，在遊山玩水過程中獲得最大的樂趣。對那些幾乎一輩子都住在江戶的庶民來說，這種宗教之旅的途中，應該會不斷遇到各種令人驚異的新發現吧。

江戶的街頭巷尾都能看到稻荷神社。（深川江戶資料館）

富士講參拜者所穿的白色衣裝。（文京鄉里歷史館）

江戶軼聞　民間信仰留下的咒語直到今天都能在很多場合聽到，譬如像孩童受傷或疼痛時，大人會唸上一句：「喊親噗咿噗咿。」這句咒語現在還是經常聽到有人在唸。

寺子屋 21

庶民之子也能進寺子屋？在那裡學些什麼？

江戶時代的庶民非常重視教育，幾乎所有的孩童都要進寺子屋學習。寺子屋的教育內容以實用學科為主，譬如讀書、寫字和打算盤等。

江戶時代的孩童大約從七、八歲開始到寺子屋上學。寺子屋相當於現代的小學，這個名稱的由來，是因為江戶時代以前的教育場所通常都設在寺院裡面。

去寺子屋上學並不是義務教育，不過江戶庶民一向熱心教育，他們對教育的狂熱絕對不會輸給現代人，所以江戶時代的後期，幾乎所有住在裏長屋的孩子，都被父母送到寺子屋受教育。孩童入學時必須繳納入學金，每個月也得繳付學費，不過金額是根據學生家庭經濟狀況而定，即使家境貧困的孩童也能進寺子屋學習。

也因此，幕府時代的寺子屋才能普及全國。據資料顯示，當時全國共有一萬五千間寺子屋，光是江戶就有一千五百間。

以實用學科爲主

寺子屋是男女合班，學生來自各階層，每個人的年齡、身分、家長的職業……都不一樣。入學後，先花三、四年的時間學習讀書、寫字、打算盤，然後再增加一些商業、家庭、習字之類的學科。至於教育的內容，並沒有固定的教科書或教學計畫，而是任由老師自行決定。有些老師甚至會用四書五經之類的漢學書籍做為教材，不過，大部分寺子屋還是以

寺子屋的教科書

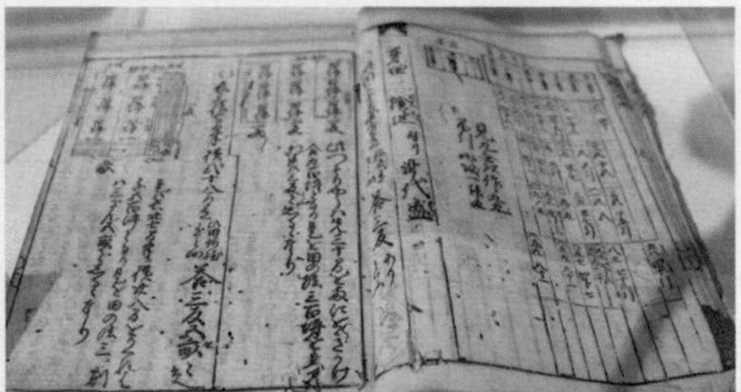

《新編改算記大全》是算法（算術）教科書。（文京鄉里歷史館）

《商賣往來》書中傳授商人的必備知識，商家或寺子屋都用來當作教科書。（文京鄉里歷史館）

實用學科為主。

此外，江戶後期以後，女性就業率逐漸提高，有些寺子屋也開始教授裁縫之類以女子為對象的學科。

寺子屋的教師叫做「手習師匠（寫字先生）」，他們來自社會各階層，譬如像：下級武士、浪人、僧侶、醫師、町人等，身分各異，但絕大部分只把教書當成副業，並不是靠教書維生。

當時也有一所真正的學校，是幕府直轄的「昌平坂學問所」，辦學的目的是為了教育幕府官員的子弟，一般庶民是無法進去讀書的。

寺子屋在全國普及之後，國民的識字率隨之提高，或許這也是促成江戶時代各種文化開花結果的基礎吧。

順著昌平坂向前進，路旁可見湯島聖堂的牆壁。聖堂院內有一間幕府直轄的昌平坂學問所。廣重〈名所江戶百景 昌平橋聖堂神田川〉（國立國會圖書館）

在寺子屋學習的孩童

每年四月與八月在寺子屋舉辦「席書」大會（書法大會）。國芳〈幼童席書惠〉（國立國會圖書館）

　由於寺子屋普及全國，幕府末期的日本人識字率達到了世界最高水準。

童玩 22

江戶時代是兒童的樂園！當時的孩童都玩些什麼？

江戶市區裡的公園、空地並不多，所以孩童都是跟鄰居同伴一起在長屋之間的小巷裡玩耍，孩童的遊戲內容包括捉迷藏、打陀螺、扮家家酒、放風箏等等。

在那個沒有電動玩具或電腦的時代，孩子們經常成群結伴在外面玩團體遊戲。譬如像捉迷藏、躲貓貓、騎竹馬、扮家家酒、猜猜是誰、放風箏、打雪仗等等，其中有些遊戲流傳到現在還有人在玩。

江戶的天才兒童特多，總能想出各種有趣的遊戲。就拿「捉迷藏」來說，當時就發明了很多種玩法，譬如其中一種叫做「蒙眼捉迷藏」，讓扮鬼的孩子蒙著眼睛去找替身。因為眼睛看不見的話，很不容易抓到替身，即使在狹窄的空間或房間裡玩起來也很有趣。

「老鷹抓小雞」也是「捉迷藏」的另一種玩法。首先選兩個孩子扮演老鷹和母雞，其他的孩子排成一列緊跟在母雞身後，母雞張開兩臂不斷揮舞，防止老鷹抓到排在隊伍最後的小雞。如果小雞被抓到了，就由小雞扮演老鷹，繼續進行下一回合。

孩子們要決定由誰扮鬼的時候，先玩一種叫做「這隻草履」的遊戲，每個孩子脫下一隻鞋，把鞋排成一排，然後一面唱歌一面順序指向自己面前的鞋子，歌曲結束的瞬間被指中的鞋子主人，就必須扮鬼。

此外，相撲也是孩童喜歡的遊戲，街頭巷尾經常看到孩童假裝相撲選手互相較量。

童戲圖

圖中畫著各種兒童遊戲，譬如像老鷹抓小雞、蒙眼抓人、捉迷藏等。
芳虎〈江戶時代孩童風俗〉（東京都立中央圖書館特別文庫室）

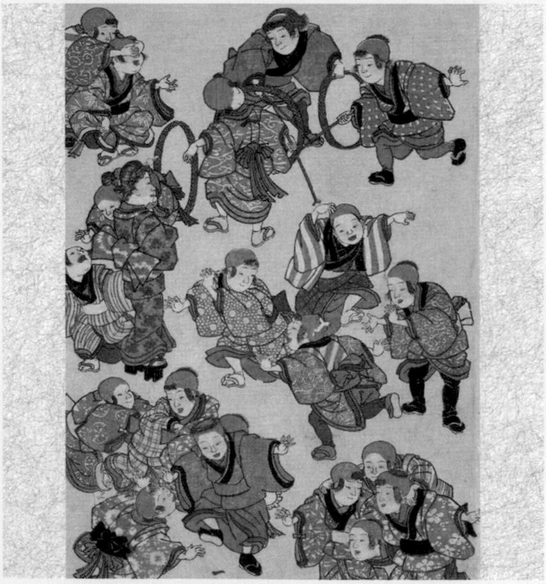

放風箏的孩子

新年遊戲最受歡迎的就是放風箏，江戶時代也跟現代一樣，畫中可以看到各式各樣精心設計的風箏在空中飛舞。小芳盛〈孩童的風箏遊戲〉（國立國會圖書館）

「貝陀螺」風行一時

昭和時期掀起過一陣復古熱，當時風行一時的「貝陀螺」，就是從江戶時代流傳下來的童玩。這種陀螺是用叫做「蛽」的海螺製成，製作前先要把海螺上半部切下來。「貝陀螺」的漢字也可以寫為「貝獨樂」。這種玩具在江戶時代的玩法跟現代大致一樣，有時孩子們還會想方設法變出一些花樣，譬如在陀螺上面加一塊重石等，總之，人人都想把自己的「貝陀螺」做得比別人更好。

江戶初期的玩具幾乎都是自己動手製作，但是到了江戶中期以後，商店裡開始出現了風箏之類的玩具。

當時的孩童身處不同年齡組成的團體中跟同伴一起玩，所以從小就在團體裡學會了人際關係的規則，人與人之間的上下關係等。直到昭和時代，我們都還能看到這種孩童玩樂的景象，可惜今天已經很難看到了。

回想起來，或許江戶時代可說是兒童最快樂的時代吧。因為那時在外面玩不必擔心車禍，孩子們可以任意奔跑，而且當時的童玩種類如此豐富，或許，這也能反映出當時是個和平的時代吧。

江戶軼聞 女孩七歲之後就開始繫上大人的腰帶，玩耍時間也減少了，大部分時間都跟著母親學做家事。

結婚 23

比現代人早婚多了！庶民大約幾歲結婚？

江戶時代的男性根據個人從事的職業不同，自立門戶的年齡也不一樣，大部分的職人（工匠）都是二十多歲結婚，女性則是十五～十八歲出嫁。

近來，晚婚或非婚已逐漸成為一種社會現象，但在江戶時代，一般人卻是很早就結婚成家了。但我們這裡所謂的一般人，是專指女性而言。

按照當時的法律規定，男女年滿十三歲就可以結婚，但實際上，女性的結婚年齡大多是在十五～十八歲之間。過了二十歲沒有結婚，就會被人叫做「老小姐」，二十五歲會被稱為「中型老小姐」，三十歲被叫做「大型老小姐」。據說有些未婚女性不想被人視為「嫁不出去」，甚至把牙齒塗黑，把眉毛剃掉，故意偽裝成已婚婦女。

另一方面，男性若是從事職人的工作，通常都要等到二十多歲才能自立門戶；若是在大商家當學徒，則至少要到四十歲才能成婚，所以理所當然地，當時「年齡懸殊的夫婦」非常多。

如果是庶民男性，最常見的成家模式就是：房東或附近

婚禮儀式

江戶時代的婚姻大部分都由父母作主，有些新婚夫妻甚至到了婚禮上才第一次見面。春信〈春信婚姻之圖〉（國立國會圖書館）

鄰居看到適婚年齡的男性，大家就會熱心地幫忙物色對象。譬如某人會先向男性提起：「我認識一位好姑娘喔。」接著便安排雙方見面。如果彼此都覺得滿意，兩人就能開心共組家庭。

職業媒人積極撮合

商家的子女找對象就比較麻煩了。因為兩家都希望彼此在名望、財富兩方面互相匹配。在這種情況下，有時很難找到適當的對象，所以只好依靠行動積極的職業媒人幫忙。

據說當時的職業媒人談成一樁親事，就能獲得十分之一的聘金作為酬勞。這就是所謂的「分一」。所以當時有很多職業媒人，專門幫人尋找門當戶對的對象，熱心安排相親事宜，促成良緣。

相親的方式通常是在水茶屋見面，或是劇場相見。江戶時代的離婚率相當高，或許就是因為奉「父母之命，媒妁之言」，不像現代人都是戀愛結婚的關係吧。

「老婆至上」的夫妻

丈夫開始幹活之後才起床的老婆。由於當時女性人數較少，很多家庭都是「老婆至上」。國貞〈今世斗計十二十　辰之刻〉（國立國會圖書館）

江戶祕話

江戶時代的離婚內幕

所謂的「三行半」，是指江戶時代庶民夫妻離婚時，丈夫寫給妻子的休書。雖然沒有明文規定，但是按照慣例，休書內容只寫三行半，所以才有這個名稱出現。三行半的內容大致載明自己決定休妻的意志，今後妻子跟誰再婚都不干涉。「三行半」只准丈夫寫給妻子，妻子不能寫給丈夫，所以當妻子對丈夫沒有感情時，就得想辦法讓丈夫給自己寫一份「三行半」，或是逃到「緣切寺」躲起來。幕府公認的緣切寺不僅向妻子提供保護，同時也出面進行調停，仔細傾聽丈夫的辯解，分析研判夫妻關係之後，再向雙方提供意見，如果丈夫堅決不願離婚，只要妻子肯在緣切寺裡做三年雜工，三年之後，離婚自然成立，妻子便能重獲自由之身。

江戶軼聞 江戶時代的社會對不倫的制裁非常嚴厲。根據《江戶市中法度》規定，跟有夫之婦發生關係的男人，女人的丈夫可以當場將他殺死。

男女都對時尚非常敏感！什麼髮型受歡迎？

當時的男性都是梳「丁髻」，女性通常都梳傳統日本髮髻。男性的髮型從江戶時代起，不論庶民或武士，都要在頭頂剃成「月代」。女性的髮型隨著時代、身分、年齡等各種因素有所改變，所以樣式非常多。

江戶時代的男性髮型以所謂的「丁髻」為主。這種髮型原是為了武士戴上盔甲時，腦袋不會感到過分悶熱才設計的，前額至頭頂部分剃光成半月形，剃光的部分也叫「月代」。

江戶原是武士眾多的城市，不知從什麼時候起，庶民也模仿武士把頭頂剃成「月代」。

不過，男性當中也有些人從來不剃月代，譬如像醫生或學者，是把整頭的髮絲全部束在頭頂，叫做「茶筅髻」，此外，浪人也不剃月代。

男性的丁髻雖然大同小異，但由於剃光的部分各有不同的寬度和稜角，所以月代的形狀也出現各種變化。另一方面，隨著時代的變遷，月代也有各種流行的式樣。

各種形狀的月代

月代雖然看起來都一樣，其實卻是千變萬化，式樣非常多。〈當世風俗通〉（東京都立中央圖書館特別文庫室）

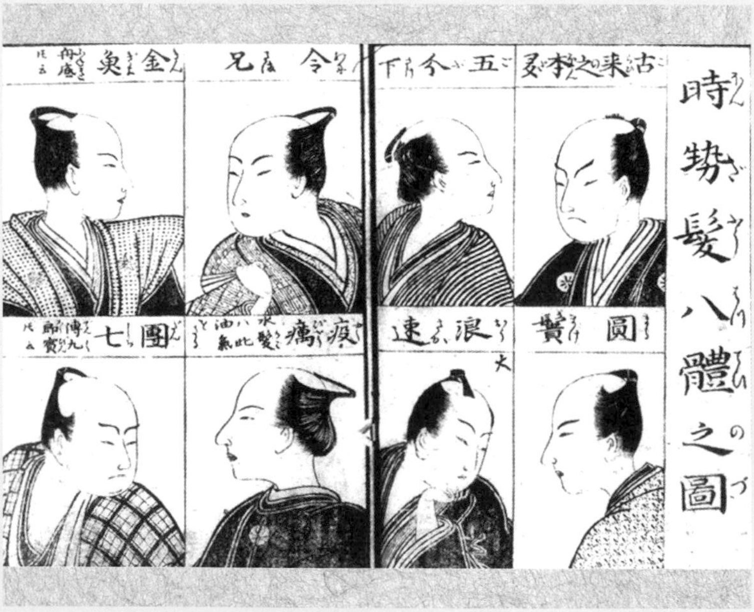

各種女性髮型

稚兒髻是一種少女髮型，在頭頂將髮絲梳成兩個圓圈狀。楊州周延〈時代髮型　文政年間〉（國立國會圖書館）

島田髻是武士家族喜歡的髮型。現代的文金高島田髻就是島田髻變化而來。楊洲周延〈時代髮型　安政年間〉（國立國會圖書館）

洗髮的女性

當時女性洗髮的頻率大約是一個月一兩次。為了不讓髮髻在睡覺時弄亂，女性都使用一種箱形枕頭。豐國、國久〈江戶名所百人美女　今川橋〉（國立國會圖書館）

更加多樣的女性髮型

女性髮型也隨著時代、年齡、身分等各種因素而千變萬化。女性的日本髮髻主要是由四個部分組成，額前叫做「前髮」，頭頂叫做「髻」（日文寫作「髷」），左右兩側叫做「鬢」，後頸上方叫做「髱」。最具代表性的髮型，是在武士家族之間流行的「島田髻」。但事實上，單是「島田髻」這一種髮型，還可以分成幾十種樣式。到了享保年間（一七一六～一七三六年），還有人利用鯨魚鬍鬚作成的「髱差」，把後腦勺的髮絲撐起，於是髮型式樣又突然增加許多。當時還流行一種叫做「燈籠鬢」的髮型，是把臉龐兩側的鬢角梳得高高降起，看起來就像臉旁掛著兩扇窗簾似的。江戶時代不論男女，都可根據髮型來識別他們的身分、年齡、職業等，女性還可根據髮型看出已婚或未婚。

江戶軼聞　當時有一種迷信認為，嬰兒的頭髮是不潔之物，所以不論男孩或女孩，三歲之前都是剃光頭。

服裝 25

跟現代一樣熱心追求時尚。流行的款式是什麼樣？

當時的男性和女性都穿一種窄袖口的和服，叫做「小袖」。這種和服的色彩和花紋，始終緊追時代的腳步而不斷更新。江戶人對時尚非常敏感，也很熱心追逐流行，永遠不想跟別人穿一樣的服裝。現代的浴衣在江戶時代已廣泛受到庶民的喜愛。

基本上，江戶時代的庶民裝束是在內衣的外面套上一件服裝。當時最普遍的和服，就是經常出現在時代劇裡的下町女孩或町人身上穿著的「小袖」。「小袖」是相對於「大袖」，因為這種和服不僅袖口較小，袖管也很窄，所以才有此名。

小袖的設計非常多樣，每個時代都曾創造出各種花紋、圖案的小袖。譬如江戶中期以後，有一種叫做「小紋」的小袖花紋，就是庶民模仿歌舞伎演員的服裝而產生的。所謂的「小紋」，是以「型染」方式印出細碎的花紋（「型染」是用刻有細碎花紋的紙板模具放在紡織品上的染印技術）。當時的庶民抱著賞玩的心情，把日用品或文字設計成圖案印在衣服上，譬如「魚與菜刀」、「剪刀」、「扇子」等。小紋的色彩種類也非常多，光是茶色（褐色）就如俗語所說的「四十八茶」那麼多。不僅如此，灰色甚至還有「百鼠」（江戶時代把灰色叫做鼠色）之稱。總之，江戶人總是敏銳地追求流行花紋與色彩，盡量避免跟別人穿一樣的服裝，因為他們覺得這樣才算俊俏又風雅的打扮。另外，穿在小袖外面的和服外套「羽織」，也是在江戶時代開始普及。羽織原本是男性用來禦寒與裝飾的衣物，後來逐漸受到一般女性青睞，發展成為普通服裝。一七四八年（延享五年），幕府以女性羽織過於奢華為由，嚴禁女性穿著。但是到了幕府末期，羽織又重新開始流行。

女性的衣著

未婚女性穿的是「振袖」，結婚之後改穿「留袖」。但是女性滿十九歲舉行「元服禮」之後，即使尚未出嫁，也要改穿「留袖」。「羽織」（和服外套）原本是男性的服裝，但從江戶時代起，女性也開始穿著羽織。豐國〈卯之花月〉（東京都立中央圖書館特別文庫室）

穿浴衣的男女

隅田川畔乘涼的男女，大家都穿著各色各樣的浴衣。豐國〈隅田川夕景〉（國立國會圖書館）

浴衣已經深入庶民生活

和服腰帶可說是女性服裝最受注目的部分。腰帶也隨著時代不斷變化，譬如幅度變得更寬，花結的位置也是跟著流行，時而往前，時而向後，時而移到腋下，經過無數次改變，最後才停留在女性的背後。腰帶花結的綁捆方式也極多，譬如有「平結」、「島原結」、「單結」、「垂帶結」等。今天的和服腰帶外側還要綁上細繩帶，叫做「帶留」，是在江戶後期才出現，經過一段時日，才被一般女性接受。

不過，浴衣在江戶時代已經融入庶民的生活，因為歌舞伎演員平時都把浴衣當成日常服。浴衣的用途極為廣泛，不僅可當成居家服、散步服，還可用來充當雨衣，披在小袖的外面。浴衣雖然不能穿去正式場合，但是作為輕便服裝，還是頗受大眾歡迎。江戶人在和服下面看不見的部分穿著什麼樣的內衣呢？當時有一種專門用來包裹重要部位的貼身服，叫做「褌」。很多人一聽到「褌」，就會聯想到男性內褲，其實當時也有女性專用的「褌」，名稱叫做「女褌」。這種女性專用的「褌」也就是現代「腰卷」（卷裹式襯裙）的前身。江戶庶民過著相當樸素的生活，一般人很少把錢花在服裝上，通常都是靠品味與靈感享受時尚的樂趣。儘管當時的和服跟現代的洋服完全不同，但不論男女都對衣著非常關注，這一點，江戶人跟現代人是沒有分別的。

江戶軼聞 女性振袖和服的袖管長度隨著時代而有所變化。江戶初期的袖長大約五十三～五十七公分，江戶中期的女性喜歡更長的袖子，袖長變成一百一十公分～一百一十四公分。

化妝 26

上方豐滿，江戶淡抹……江戶女子如何化妝？

江戶女性的化妝方式一般都是淡妝。不過，任何時代的女人心都是一樣的，她們對最新的時尚流行總是反應敏銳，並且會爭先恐後地購入最熱門化妝品。

自古至今，女性對「美」的追求從來不曾改變。那麼，江戶女性究竟是如何化妝的呢？

當時的女性化妝術跟現代最大的差異，就是所謂的「齒黑」。江戶時代的已婚女性必須把牙齒塗黑，這個特殊風俗一直持續到江戶末期。齒黑的主要目的，是向周圍展示已婚的事實，從這個角度來看，就跟現代人把結婚戒指戴在手指上一樣吧。據說當時的女性想讓男人跟自己結婚的話，就會對男人說：「快點染黑我的牙齒吧。」

當時的化妝品種類包括：白粉、胭脂、眉墨、化妝水、米糠袋等。一般人都認為美女應該擁有雪白的肌膚。

化妝的基本步驟是以白粉打底。通常是採用鉛白粉。塗完白粉之後，再以紅花製成的胭脂塗在嘴唇、臉頰、指甲等處，營造華美豔麗的氣氛。不過，就像當時有句俗語說：「上方豐滿、江戶淡抹」，江戶女性認為淡妝才比較有品味。

篦髮的女人

江戶的女人完成化妝之前，小心翼翼地再用篦子把髮絲弄整齊。國貞〈今風化妝鏡 ・篦髮〉（山口縣立荻美術館 ・浦上紀念館）

刷牙的女人

江戶人把柳枝或竹枝的一端弄散，看起來就像一把粗毛，然後用來刷牙，這種道具叫做「房楊枝」。國貞〈今風化妝鏡 ・刷牙〉（山口縣立荻美術館 ・浦上紀念館）

生完孩子剃眉毛

另外還有類似「齒黑」的習俗，庶民生完孩子之後，就必須把眉毛剃掉。由於當時還沒有眉墨，剃掉眉毛的女人看起來應該很恐怖吧。齒黑在當時是女性表現性魅力的標誌，而眉毛剃掉後留下兩道泛青的痕跡，則是漂亮的青春人妻必備的條件。

每個時代的女性化妝法都有不同的傾向與流行，而引領流行的，通常是歌舞伎演員、青樓女子、水茶屋的女侍等。就拿江戶後期的唇部化妝來說，當時流行的化妝法，是在下唇一連塗上好幾層厚厚的胭脂，厚到紅色裡閃出笹色（青玉色）的光芒。這種紅色被稱為「笹紅」。但到了幕府末期，這種化妝法卻不再被人追捧。天保至嘉永年間，幕府頒發禁止奢侈令，化妝以淡抹成為主流，由此可見，化妝的流行趨勢跟社會情勢的發展是分不開的。

值得一提的是，化妝逐漸融入江戶庶民的生活後，化妝品市場曾經流行過幾種名牌白粉和胭脂。

雖然當時還沒發明面霜，但是江戶時代化妝用品的數量絕不輸給現代。而女性對於美貌的追求，不論江戶時代還是現代，都始終態度積極，不斷爭奇鬥豔，期待自己更上一層樓。

化妝的美女

當時的女人不僅把白粉搽在臉上，就連脖子、後頸、胸前……都得塗上一層白粉。畫中的女性把眉毛修得很淡，嘴唇的顏色叫做「笹色紅」。溪齋英泉〈美豔仙女香〉（國立國會圖書館）

江戶軼聞 歌舞伎演員分別屬於各自的「屋號」，譬如市川本家的演員屬於「成田屋」，尾上菊五郎屬於「音羽屋」，據說江戶時代的歌舞伎演員是為了推銷化妝品，才有了各自的屋號。

醫療尚未發達的時代。任何人都能輕易當上醫生？

江戶時代並沒有醫師考試，任何人都可以自稱醫生，所以幾乎滿街都是密醫。但其中也有大家熟知的「紅鬍子醫生」小川笙船那樣為庶民著想的醫者。

現代人想當醫生可不容易。但是在江戶時代，任何人都可以輕鬆變成醫生。想必大家讀到這兒，一定非常驚訝吧？因為當時並沒有像今天這樣舉辦國家考試，不論是誰，只要在門口掛一塊招牌，就可以自稱醫生。事實上，當時以當醫生為志業的人確實也很多。根據紀錄顯示，一八二〇年（文政三年）的江戶就有兩千五百名醫生。當然其中的密醫也不在少數。

普通人想當醫生的話，通常是到名醫門下學習，當時幕府也開設了一間醫學教育設施「江戶醫學館」，專門負責培養醫師。

「醫乃仁術」的實踐者

當時的醫學專家分為兩派：漢方醫學與蘭方醫學。下町醫生大部分都是漢方醫學專家。這類醫生是以觀察病人臉色、觸診等方式進行診斷後再幫病人配藥。但僅僅是這麼簡單的診察，病人卻得付出高昂的費用，所以大部分庶民都負擔不起，只能向走街串巷的小販購買廉價成藥，或靠針灸之類的民間療法治病。

總而言之，由於密醫收費太高，一般庶民都不願意找密醫看病。另一方面，大家判斷醫生的醫術時，也只能看醫生是否經驗豐富。所以大量患者聚集的「名牌醫生」門前，總

燒艾灸的女人

燒艾灸只需弄清「穴位」，自己就能動手燒，所以江戶時代很流行自己燒艾灸。豐國〈江戶百所百人美女　穿甲胄的我〉（東京都立中央圖書館特別文庫室）

描繪密醫的諷刺畫

畫中所寫的「きたいなめ医」意即「千奇百態的密醫」。畫中描繪各種奇異的密醫，正在治療各式各樣的疑難雜症，譬如像「缺鼻子」、「彈簧脖」、「肝火旺」等，藉此諷刺世間百態。國芳〈千奇百態的密醫　難病治療〉（國立國會圖書館）

小石川養生所

當時在小石川藥園（現在的東京大學植物園）裡建造的醫療設施，養生所裡設有內科、外科、眼科等各科醫師，為民眾免費診療。（文京鄉里歷史館）

是擠滿了求醫的人。

不過，這類名醫當中，倒也有「醫乃仁術」的實踐者，譬如眾所周知的小川笙船，他給窮人看病只收微薄的診費，病人都暱稱他為「紅鬍子醫生」。

一七二二年（享保七年），幕府根據笙船提出的建議，建立了免費醫療設施「小石川養生所」，可以收容一千名以上的患者。直到幕府結束前的一百四十年當中，這座醫院充分發揮了救濟貧病災民的功能。

江戶軼聞 當時一般庶民湧向名醫門前求治的情況，就像今天大家前往大學附屬醫院看病一樣，都必須經過漫長等待的煎熬。江戶時代甚至還留下這首川柳詩形容等候的心情：「名醫門前怒火燒。」

職業 28

江戸是全國最大消費地。庶民從事哪些職業為生？

江戸庶民最具代表性的職業，就是不需要本錢的小販。他們販賣的商品內容極為豐富，從食材到日常用品，應有盡有。此外，大工職人（木匠）幹活的身姿看起來瀟灑豪邁，也是庶民嚮往的職業。

江戸庶民的代表性職業當中，有一種叫做「棒手振」，就是挑著扁擔到處叫賣的小販。這種工作不需要任何特技或資格，只要準備一根扁擔，就能立即就業，手上也不需準備任何資金。

魚屋、八百屋等商店在當時並不普及，一般庶民通常都從小販手裡購買生活用品，譬如像：鮮魚、蜆貝、豆腐、納豆、蔬菜、蕎麥、點心、紙張、食用油、樹苗、金魚等。

小販都有各自擅長銷售的商品，譬如賣蛤蜊和蜆貝的，賣豆腐的，賣金魚的，街頭巷尾隨時可以聽到各種小販的獨特叫賣聲。這種職業雖然賺得不多，但據說一天的收入應付當天生活開銷卻是綽綽有餘。

事實上，江戸子只要願意幹活，幾乎不可能遇到失業問題，因為長屋裡只要有人不上班待在房間裡鬼混，親如父母的房東就會趕快過來幫忙找工作，而且當時類似現代職業仲介的介紹所也很多。

木匠是庶民嚮往的職業

木匠也是江戸子嚮往的職業。因為當時江戸正處於擴展城市規模的階段，再加上經常發生火災，所以木匠根本不必擔心失業。但也因為這個理由，木匠才敢表現「家無隔夜錢」

賣菜的小販

據說江戸城中挑扁擔叫賣的小販共有五十多種。
國芳〈百品滑稽故事之內　醬油樽之天上傳說〉（東京都立中央圖書館特別文庫室）

木匠是極受歡迎的職業

木匠被認為是時髦又充滿男子氣的職業，從事這一行的男性，大多是具備江戶子氣質的天生匠人。豐國〈觀音靈驗記　士農工商之內〉（國立國會圖書館）

的豪爽。這種任性揮霍的做派，甚至還被大家公認是江戶子特有的氣質。

除了木匠外，當時還有很多極富創意的職業，譬如兜售「刷牙粉」的小販，每天清晨都到長屋的小巷叫賣，據說當時不論男女，都喜歡使用這種商品。一七六八年（明和五年），幕府推出新錢幣「四文錢」，據說，很快就有類似現代「百元商店」的商店出現，店裡所有商品都一律定價四文，這種商店在當時吸引了無數顧客。由此可見，江戶子確實具有靈活的商業頭腦，甚至連現代人都望塵莫及呢。

女性小販

當時也有女性小販，但是人數不多。豐國〈春帖時世粧〉（國立國會圖書館）

江戶軼聞　當時的農民每年必須向政府繳納地租，但住在長屋的庶民卻沒有納稅義務。而相對的，他們沒有市民權，町內舉辦的例行活動，他們也沒有資格參加。

育兒 29

自己的孩子永遠最可愛。跟現代育兒法有何不同？

江戶時代跟現代比起來，乳幼兒的死亡率相當高。所以當時舉辦的一些祈願孩童健康成長的儀式或風俗習慣，應該比現代的類似活動更有意義。

不論時代如何變遷，父母期待孩子健康成長的心願都是一樣的。江戶時代的很多儀式與風俗習慣，都是為了慶賀孩童順利成長，或祈禱神明保佑孩子的未來。

江戶的孩子出生後，張嘴吸到的第一口奶，不是親生母親的奶，而是來自陌生的女性。這位女性剛剛生完孩子，已經給自己孩子餵過奶。相信大家讀到這兒，一定會大吃一驚吧？其實這是江戶的習俗，叫做「授乳」。因為江戶人相信嬰兒喝了陌生女人的母奶，不僅能夠健康成長，將來長大還能夠早婚。

當時的乳幼兒死亡率很明顯比今天更高，因為傳染病而夭折的乳幼兒更是多如牛毛。另一方面，母親也很可能因為生產而遭遇風險，所以諸如「宮參」（帶嬰兒去神社祈福）、初食、初正月、初節句等，這些跟生育有關的儀式，都具有非常重大的意義。

蚊帳裡的母子

蚊帳裡，陪伴嬰兒睡覺的母親正在餵奶。蚊帳在當時是夏季必需品。國貞〈江戶自慢五百羅漢施餓鬼〉（島根縣立美術館）

跟現代不同的「七五三」

江戶時代的「七五三」跟現代不太一樣。當時的三歲叫做「髮置」。因為當時的嬰兒出生之後就剃光頭，直到滿三歲那天，舉行「髮置」儀式後，孩童才開始蓄髮。男孩滿五歲會舉行「袴着」儀式，從這天開始，男孩都要穿上裃衣（江戶時代的武士禮服，由肩衣與裙褲組成）。女孩滿七歲那天舉行「帶解」儀式，正式繫上成人的和服腰帶。江戶的庶民都深信，所有的孩童都是神明的孩子，孩童滿七歲之前必須經歷上述各種儀式，才能慢慢蛻變成為社會成員個體。

孩童滿六歲或七歲之後，進入寺子屋學習讀書、寫字、打算盤。女孩則從這時起跟著母親學習裁縫等各種家事，慢慢長大成為成人女性。

餵奶的母親

不論古今，嬰兒總是不會讓父母如意，就像這幅畫的題目一樣。國芳〈山海愛度圖會 孩子快睡吧〉（國立國會圖書館）

漫步街頭的母親

背著嬰兒在街頭漫步的母親。她身後遠處有個賣南瓜的小販。國芳〈流行御染物帳　子持霰（一種像細碎冰粒的和服花紋）〉（神奈川縣立歷史博物館）

乘涼的母子

年輕的母親牽著剃光頭的孩子。孩子的頭頂留著一撮頭髮，這種髮型叫做「芥子頭」。菊川英山〈納涼美人了寶遊〉（神奈川縣立歷史博物館）

江戶軼聞　江戶中期以後，貧窮人家的孩子經常受雇到主人家幫忙照顧幼兒，這種孩童保姆被稱為「子守奉公」。

美女條件 30

遠遠超出現代人想像？江戶子眼中的美女需要什麼條件？

瓜子臉、單眼皮，櫻桃小口。這就是江戶美女的條件。當時常有漂亮的茶屋女侍被畫在浮世繪，然後就會立刻變成江戶城裡有名的美女。

人類的審美觀經常隨著時代、地域而改變，在現代日本人眼中跟江戶子眼中，美女的必備條件完全不同。

江戶時代的美女基本上都是瓜子臉，從臉頰到下顎的部分顯得非常瘦削。京都和大阪等地的美女，則是倒過來的瓜子臉，臉頰以下的部分非常豐滿，也就是所謂「下巴鼓鼓」的女人，才算得上美女，而江戶似乎擁有另一套獨特的審美觀。

除了臉頰之外，江戶子認為美女應該有一雙單眼皮的小眼睛。而現代人則比較欣賞雙眼皮的大眼睛，可說是跟江戶完全相反吧。據說江戶時代的大眼睛女性，總是故意垂著眼皮，努力裝出眼睛很小的模樣。

至於嘴巴，江戶時代認為櫻桃小口是美女的必備條件，當時的女性為了讓嘴巴看起來特別小，塗口紅的時候故意只在嘴唇中央只塗上一點紅。

那些垂名至今的美女

江戶有位大眾公認的美女，名字叫做阿仙。據說大約從一七六八年（明和五年）起，阿仙在江戶笠森稻荷神社門前的水茶屋當女侍，每天都有大批久聞其名的民眾爭相目睹。但是阿仙結婚成家後，突然從粉絲面前消失了，那些追逐者還曾為這此搥胸頓足了一番。

難波屋阿北

擅畫美女圖的喜多川歌麿畫的難波屋阿北。歌麿〈難波屋阿北〉（山口縣立荻美術館・浦上紀念館）

寬政三美人

號稱「寬政三美人」的三名青樓女子正在玩狐拳（一種類似剪刀石頭布）的猜拳遊戲。歌麿〈狐拳三美人〉（神奈川縣立歷史博物館）

江戶時代還有所謂的「寬政三美人」，直到現在都很有名，這三位代表美女是：淺草寺茶屋「難波屋」的阿北、兩國煎餅屋的千金高島阿久，以及江戶藝妓富本豐雛。

在沒有電視或雜誌的時代，這些受人矚目的女性都是經由浮世繪才被大眾認識的。

笠森的阿仙

阿仙十八歲開始在笠森稻荷神社門前的茶屋「鍵屋」當女侍，因美貌而受矚目，二十歲結婚之後就消失了蹤影。國周〈善惡三十六美人　笠森阿仙〉（國立國會圖書館）

據說美女的另一項條件，是眉毛跟眼睛之間必須離得很遠。

乘涼

31

沒有冷氣、風扇的時代。如何熬過炎夏？

江戶人利用灑水、掛竹簾等方式，設法在炎熱夏季過得更舒適。每天黃昏之後，家家戶戶都到戶外乘涼，這種風雅打發時光的方式深受江戶子的喜愛。

近年來，東京的夏天常熱得令人受不了，這種狀況也被稱為「熱島現象」。其實，江戶的夏天也經常出現這種酷熱難當的天氣，而且當時還沒有發明冷氣，江戶人是如何熬過炎熱的季節呢？

江戶子曾經想出各種對付炎夏的方法，其中有一種方法既能讓全身感到涼爽，又能瀟灑享受風雅時光，那就是乘涼。

江戶城中水路縱橫，其實河面即是涼風的通道，據說當時只要在街頭散散步，就能感到涼爽無比。

手頭稍微寬裕的江戶子也會搭上納涼船，在水面享受別緻的風雅時光，一面抬頭欣賞明月，一面吹吹水面的涼風，立刻就把炎夏的酷熱拋到腦後去了。

夏季裡，江戶子對朝顏（牽牛花）特別鍾情，因為朝顏能給人帶來清涼感，同樣的，夕顏（瓠瓜的花）也能令人感到涼意，所以江戶子都覺得夕顏是高雅的花朵。我們在浮世繪裡經常看到江戶人在夕顏綻放的黃昏時刻，悠閒享受夏季片刻的場景。

風雅地送走夏天

初秋時節，陣陣悅耳蟲鳴傳來，夏季的炎熱終於得到緩解。日暮里的道灌山是眾所周知的賞櫻勝地，同時也是聆聽秋蟲的著名景點。

屋形船

涼爽宜人的屋形船。乘船賞月的時光更是充滿風雅氣氛。芳雪〈浪華百景　川崎渡月見景〉（國立國會圖書館）

兩國橋上乘涼

清澄的隅田川上吹來陣陣涼風，肯定令人感到神清氣爽吧。豐國〈兩國橋夕涼光景〉（國立國會圖書館）

除了乘涼之外，江戶居民還懂得運用各種巧思避暑，譬如在地上灑水、在簷下掛竹簾等。以現代人的眼光來看，江戶居民早就過著節省能源的生活，雖然那時還沒有這種觀念。另一方面，江戶人努力營造風雅氣氛，藉此忘卻酷熱天氣的做法，也是值得我們學習的。

夕顏棚下乘涼

夕顏棚下享受風雅的時光。芳年〈月之百姿（夕顏棚下乘涼）〉（國立國會圖書館）

道灌山聽蟲鳴

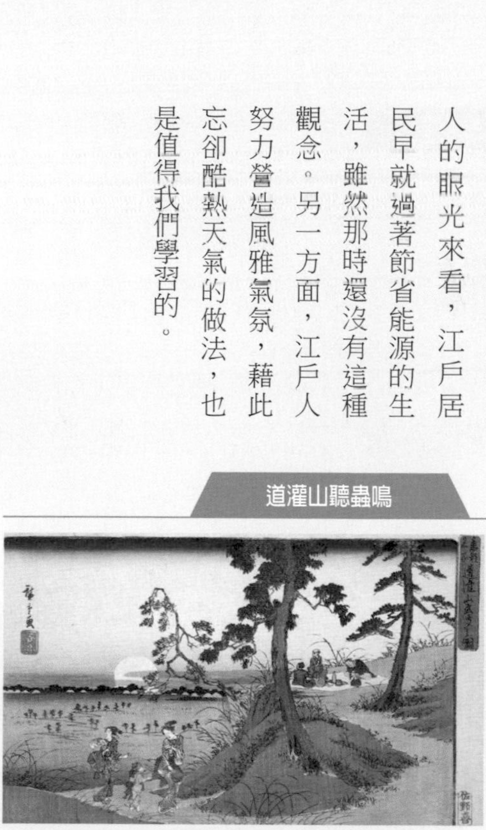

有人正在道灌山上散步，也有人一面飲酒一面欣賞蟲鳴。廣重〈東都名所道灌山蟲聞之圖〉（國立國會圖書館）

江戶軼聞 經常聽到有人討論是否要實施「夏季時間」制度，其實，江戶子都是「日出而起，日落而息」，他們才是「夏季時間」實踐者呢。

都市直下型！安政大地震的江戶受災狀況如何？

安政大地震規模高達芮氏六點九，當時發生了各種受災狀況：火災、房屋倒塌、土地液狀化現象等，僅在町人住宅區就超過了四千兩百人死亡。

一八五五年（安政二年）十月二日夜四刻（晚上十點左右），江戶發生了一場大地震。據推測，地震規模大約六點九。這場都市直下型大地震的震央位於荒川河口。地震發生後，江戶城中發生三十七～三十八處火災，所幸當時城裡吹著和煦的微風，延燒狀況很快就被控制，但還是有很多房屋震倒，其中包括一些大名屋敷，海邊開闢的新生地出現裂紋，並發生了大規模泥水混合物噴出的液狀化現象，受損狀況極為嚴重。

江戶時代的房屋採用無釘建築工法，這種建築物幾乎毫無耐震性可言，所以地震發生時江戶市區陷入一片混亂，僅僅町人住宅區就超過四千兩百人死亡，受傷人數超過兩千七百人。水戶藩學者藤田東湖為了拯救身在江戶藩邸的母親，自己卻被倒塌的房舍壓死了。

安政年間地震頻發

安政時期（一八五四～一八六〇年）是地震頻發的時代，譬如在安政大地震前一年，就發生了「安政東海地震」和「安政南海地震」。這三次地震後來稱為「安政三大地震」。

大地震發生後，幕府提出了震災復興對策，向受災的大名無息預借十年的年俸，名為「拜借金」，御家人也根據俸祿的金額，分別發放「被下金」，另外，為了救助受災的庶民，幕府設置了許多「救小屋」，施捨飯菜，發放白米。

鯰魚的諷刺畫

江戶人認為地震是地下的鯰魚在作怪，「要石」則是能夠鎮住地震的靈石。〈江戶大地震之繪圖鯰魚與要石〉（國立國會圖書館）

安政大地震造成房屋倒塌與火災

許多房屋倒塌，火災四起。但是地震中因為建物倒塌被壓死的人數多於火災受害人數。〈安政二年江戶大地震火場之圖〉（國立國會圖書館）

四種可怕的東西

可怕的東西有四種：「地震、雷、火災、父親」，其中還是以地震最可怕。〈滑稽故事〉（國立國會圖書館）

地震引發的火災不像人為的縱火，根本防不勝防，所以當時一般人都深信，造成地震的原因，是因為地下有一條巨大的鯰魚。

當時也認為大地震之所以發生，主要目的是為了重置世界，因為每次大地震之後，江戶各地就會掀起復興熱潮，也給地區經濟帶來活力。當時有很多繪師都爭相創作鯰魚戲謔畫，也叫做「地震鯰繪」，大部分畫作裡鯰魚造型都很福相，讓人覺得手裡有一張這種畫作，就能祈福消災。

江戶軼聞 當時已經發明了地震預報器，利用地震開始前磁鐵磁力減弱的現象，讓鈴鐺發出聲響。這種機器真可說是劃時代的發明。

傳染病
33

比地震、火災更可怕的傳染病究竟是什麼？

天花、麻疹、水痘，這三種傳染病曾在江戶時代橫行肆虐，甚至在當時被稱為人生「難逃的三病」。幕府末期，外國船隻又把霍亂帶到江戶，並在日本造成大量死傷。

江戶時代的醫學很不發達，當時的流行病，也就是所謂的瘟疫，在一般人心目中造成的恐懼，是現代的我們很難想像的。當時曾有無數健康孩童突然遭到病魔襲擊，轉眼之間就喪失了生命。

疱瘡（天花）、麻疹（はしか）、水疱瘡（水痘），這三種傳染病在當時被稱為人生「難逃的三病」，每個人人生最大的課題就是如何面對這種一輩子只會染患一次的疾病，如何盡量輕鬆地治癒。

然而，上述三種疾病在當時都還沒發現有效的療法或藥方，人們只有求神問卜。因此有些人便把平安末期的武將源為朝奉為驅趕疱瘡之神。因為為朝流放八丈島時，島上始終沒有天花疫情，所以大家認為是為朝保佑了島上居民。

不過，幕府末期民眾開始接種牛痘之前，天花的流行始終沒有停止，絕大部分的民眾都在幼兒時期得過天花，而且很多人的臉上都留下了醜陋的麻子，所以天花在一般人心裡留下了「一疫定美醜」的恐怖印象。另一方面，麻疹在江戶時代也曾反覆發生定期大流行，據說一八六二年（文久二年）發生的疫情，僅在江戶城中，就死了二十六萬多人。正因為麻疹的死亡率極高，所以被江戶人形容為「一疫定生死」。

「痘神」為朝

畫中描繪平安末期武將源為朝擊退疫神的英姿。芳年〈新形三十六怪撰　為朝威武擊退痘鬼之圖〉（國立國會圖書館）

從未見過的疾病登陸日本

幕府末期，一種傳染病突然在日本登陸，並在全國引起大流行。這種傳染病就是霍亂。霍亂原是印度的地方性傳染病，後來隨著歐美列強的殖民政策開始在世界各地蔓延。日本的霍亂疫情是在美國輪船駛入長崎港之後展開的。一八五八年（安政五年）五月，這艘美國船停靠長崎港，七月下旬，霍亂疫情便已蔓延到江戶，全國各地陷入大流行。染病之初，患者會出現激烈的腹瀉，三天後迅速死亡。江戶人對這種傳染病感到萬分恐懼，把它叫做「三天斷氣」。據說江戶城裡的患者多達數十萬，死者超過十萬。為了驅散病魔，江戶庶民忙著抬出神轎，舉行祭典，但卻無法鎮壓來勢兇猛的霍亂。

對江戶子來說，這種令人束手無策的傳染病，要比地震或火災更加恐怖。

痲疹養生之傳

畫中的文字是關於痲疹的說明：患者得了痲疹後，感到身體不適，口乾，第三天開始發疹。痲疹即使痊癒了，也必須好好休養。孟齋芳虎〈麻疹養生之傳〉（國立國會圖書館）

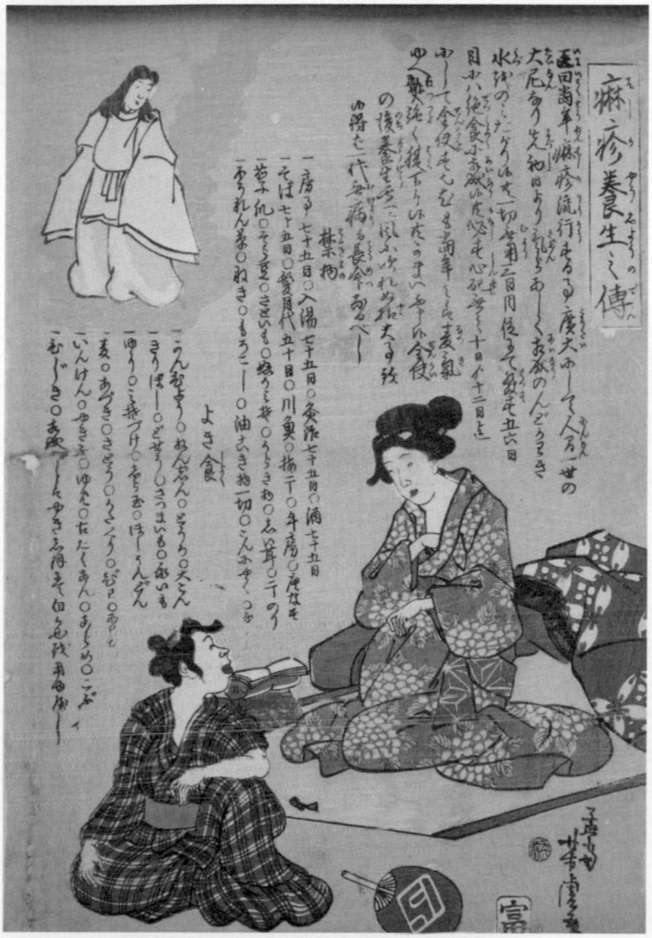

貼在玄關外的護身符。當時庶民面對瘟疫只能向神明祈福。（深川江戶資料館）

江戶軼聞　江戶每隔數十年就會發生一次痲疹大流行，據說每次疫情發生時，死者人數都會多到火葬場都來不及處理。

火災
34

火災、吵架，江戶之花！江戶為什麼容易發生火災？

說起江戶火災的起火原因實在令人意外，肇事原因佔第一位的，竟然是抽菸。另一方面，人為縱火事件也很多，這一點，倒是跟現代十分相似。

江戶是個火災頻發的城市，除了寺院、神社、大名屋敷之外，全都是在狹窄地區的密集木造長屋。一旦火苗竄起，瞬間就會延燒起來，根本來不及撲滅。

江戶時代稱得上「大火」規模的火災，總共發生過九十多次。其中又以一六五七年（明曆三年）的明曆大火、一七七二年（明和九年）的明和大火，還有一八〇六年（文化三年）的文化大火受災最為慘重。這三次火災並稱為「江戶三大火」。

為什麼江戶發生了這麼多次火災呢？

我們先看現代日本的火災起因，第一位是「縱火」，然後依次是「火爐」、「香菸」、「疑似縱火」（平成二十二年版《消防白書》）。那麼，江戶的首位起火原因是什麼呢？其實是抽菸。江戶人抽菸時先把切碎的菸絲塞進菸管點燃，等到抽完之後，再把菸管放在菸草盆裡的菸灰竹筒或火盆上敲幾下，隨著一連串咚咚聲，菸管裡仍在燃燒的菸灰就會掉落下來，但是稍不留意，夾帶餘燼的菸灰飛到周圍，就可能變成燎原的星火。

火災也能帶來景氣復甦

江戶一天到晚發生火災，江戶子也都習以為常了，並不採取特別的防範措施。但是大家的生活一向簡樸，盡量不買

江戶時代三大火災

明曆大火／1657年（明曆3年）

火災持續了兩天，江戶城裡六成的房屋都被燒毀。江戶城樓的本丸和天守閣也被焚燒一空。據說死者超過十萬人。

明和大火／1772年（明和9年）

日本橋到千住的民屋全被燒毀，死者與失蹤者一萬八千多人。

文化大火／1806年（文化3年）

最先是從芝開始燃燒，一直燒到日本橋與淺草附近，死者超過一萬人。

家具雜物，似乎就是為了面對隨時可能發生的火災。另一方面，江戶子向來都認為，手裡有錢就得快點花掉，免得藏在衣櫥裡的鈔票會被一把大火燒掉。或許也因為這種想法，江戶人才會產生莫名其妙的自豪，甚至還自我宣傳說：「火災、吵架，江戶之花。」不過最令人感到意外的，還是江戶庶民這種淡泊的物慾。

火災雖然造成巨大損失，相反的，也能創造景氣復甦。每次大火之後，江戶的建設業者和木匠都忙著重新建設都市，尤其是在燒毀六成房屋的明曆大火之後，江戶城裡進行了各項都市改造措施，譬如在市區開闢預防延燒的廣小路，或把武家屋敷遷至郊外，以便在市區開闢空地。明曆大火之後，江戶再也沒有發生過規模超過明曆的火災，或許可以歸功於上述的改造措施吧。

八百屋阿七

阿七在一次火災的時候到廟裡避難，愛上那間廟裡的小和尚。她以為下次再發生火災的話，就有可能遇到那個小和尚，所以阿七故意縱火引起火災，結果她卻被處以死刑。芳年〈松竹梅湯島掛額〉（國立國會圖書館）

江戶祕話　窮困木匠故意縱火

江戶的縱火事件相當多。有些人為了趁火打劫，也有些人是出於怨恨，甚至還有些窮困的木匠，為了找份工作，而故意把別人的房子燒掉。幕府對縱火犯的處罰非常嚴厲，先拉著犯人在市內遊街，然後再處以火刑，但江戶時代自始至終縱火案件都沒有消失過。

江戶軼聞 上野廣小路（台東區）就是明曆大火之後，為了防止延燒而開闢的防火巷。除了這段道路之外，東京市內還有許多江戶時代開拓的寬幅道路。

第二章內容檢測題

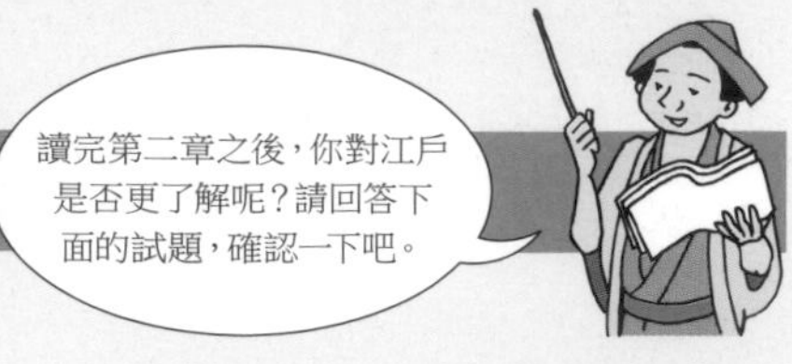
讀完第二章之後，你對江戶是否更了解呢？請回答下面的試題，確認一下吧。

問題

1 江戶中期之後庶民才開始吃白米飯。當時有很多人因為偏食白米患了腳氣病，這種病也叫（①）。

2 居酒屋逐漸普及，當時位於神田鎌倉河岸的（②）向顧客提供豆腐田樂作為下酒菜，獲得顧客好評，生意也越做越大。

3 吳服店的大商店都集中在日本橋附近。其中的三井越後屋想出一種領先時代的商法，提出以現金交易為主的（③）。

4 江戶庶民對於五節句十分重視。九月九日重陽節被稱為（④）的節句，大家在這天向神明祈求趨吉避凶，長命百歲。

5 江戶時代不論男女都從（⑤）歲起可以結婚。

6 暱稱「紅鬍子先生」的小川笙船倡議設立的免費醫療設施叫做（⑥）。

7 江戶庶民的代表職業之一，是挑著扁擔到處叫賣的（⑦）。

8 當時嬰兒從出生到三歲都是剃光頭，三歲那天舉行「七五三」當中的（⑧）之儀，之後，孩童才開始留髮。

9 江戶時代有些茶屋女侍因為長得漂亮，受到大眾讚美追逐。其中有一位叫做（⑨），在笠森稻荷神社門前的水茶屋當女侍。

10 一八五五年（安政二年）發生的大地震曾在江戶城內造成嚴重損失，據說這次地震的規模為（⑩）。

解答

【1】江戶病【2】豐島屋【3】現金交易，概不賒欠【4】菊【5】十三【6】小石川養生所【7】棒手振【8】髮置
【9】阿仙【10】六．九

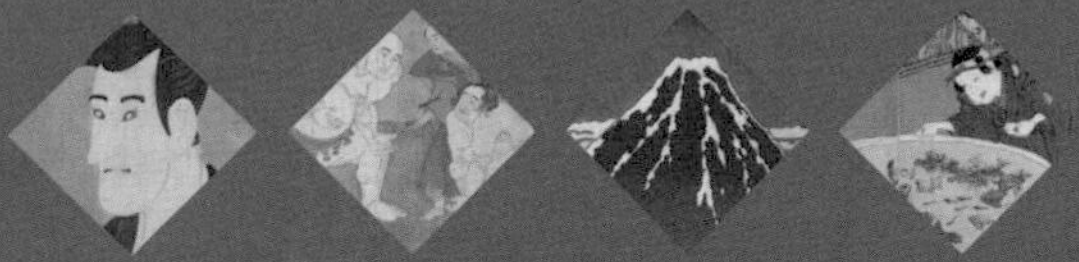

第3章

江戶子熱愛的文化、消遣、娛樂

歌舞伎、浮世繪、寄席、人相撲、文學……歌舞昇平的江戶時代，
民眾狂熱追逐各種文化活動，
一般大眾都盡情享受消遣、娛樂，
足證當時每個人都擁有心靈餘裕。

花見
35

江戶子也喜歡賞櫻？最受歡迎的景點在哪裡？

八代將軍吉宗喜歡種植櫻樹，所以江戶市內才有那麼多賞櫻勝地，庶民也能享受賞櫻的樂趣。尤其像上野寬永寺、墨田堤、飛鳥山、御殿山等地，都是當時極受歡迎的景點。

日本人賞花的歷史非常悠久，根據紀錄顯示，大約從九世紀初開始，日本人已有賞花的習俗。不過，當時只有貴族和武家才能享受這種樂趣。而庶民提著便當、酒瓶，在櫻花樹下載歌載舞舉辦酒宴，則是從江戶時代才開始。

以上野的寬永寺來說，這裡現在仍是有名的賞櫻景點，這座寺院境內的櫻花樹，則是江戶初期由天海僧正種植的。雖說當初種下櫻花樹之後，就有大批群眾前來賞花，但因為寬永寺也是德川將軍家的家廟，幕府以不可犯上為由，禁止庶民賞櫻時歌舞吃喝。不過，這種禁令根本無法抑制庶民的歡樂心情。

後來，吉宗又在江戶各地廣植櫻樹，譬如像飛鳥山、御殿山、墨田堤等。不僅如此，吉宗還批准民間在各地設置水茶屋，將賞櫻景點建成遊樂場所，開放給庶民利用，讓大家都能盡情享受這種休閒勝地。

江戶城裡的賞櫻

眾多的賞櫻景點當中，以墨田堤最受大眾歡迎，因為這裡距離市中心比較近，而且不禁酒，所以每年櫻花盛開的季節，總是擠得人山人海，大家圍坐在櫻花樹下，一面唱歌跳舞，一面吃著便當，便當盒裡裝滿了燉煮、燒烤、煎蛋等各種食物。人人都愜意地享受歡樂時光，還有些人則是一面賞花一面吟詩作俳句。

吉宗的政策推行得非常順利，所以賞櫻逐漸變成江戶庶民的習俗。根據《江戶名所花曆》記載，一八二七年（文政十年）前後，江戶共有三十五處賞櫻景點。也就是說，現代人對賞櫻的喜好，應可追溯到江戶時代。

江戶祕話

吉野櫻還沒出現！

現在大家提起櫻花，通常都是指吉野櫻，其實這是江戶末期住在染井（現在的巢鴨附近）的花匠培養出來的新品種。當時江戶的櫻花以山櫻、彼岸櫻、八重櫻等數量較多。

立祥〈東都隅田川八重櫻〉（國立國會圖書館）

御殿山上瞭望品川海面

御殿山是受人歡迎的賞櫻勝地，從這座山上可以遠眺眼前的品川海面。可惜的是，這裡雖是江戶數一數二的名勝，後來因為英、法等在這裡建造公使館，土地遭到嚴重的濫墾。廣重〈江戶紫名所源氏御殿山賞櫻　見立花之宴〉（國立國會圖書館）

飛鳥山的櫻花

飛鳥山位於江戶城市區外緣，離市中心有點距離，但在徒步範圍以內。山上風景優美，春季賞櫻，秋季賞月，冬季賞雪，一年四季都很適合休閒度假，遊人也總是絡繹不絕，十分熱鬧。廣重〈江戶名所道戲盡午　飛鳥山賞櫻〉（國立國會圖書館）

江戶的主要賞櫻名勝

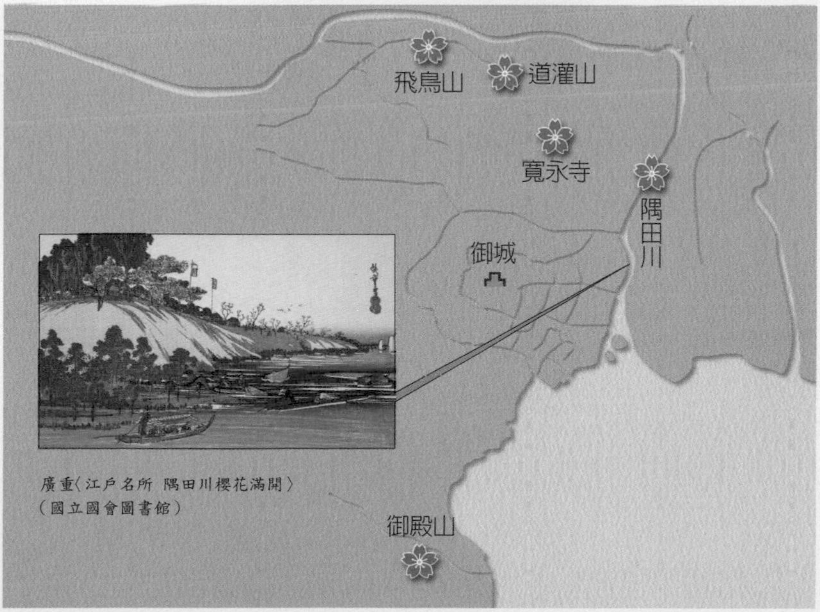

廣重〈江戶名所 隅田川櫻花滿開〉（國立國會圖書館）

江戶軼聞 當時的男性之間流行的賞櫻路線是，先到向島欣賞夜櫻，然後再到吉原的紅燈區去尋花問柳一番。

江戶子瘋狂追逐煙火秀。隅田川煙火大會從什麼時候開始的？

八代將軍吉宗為了追悼因饑饉和瘟疫去世的民眾，曾在江戶施放煙火，這就是東京花火大會的起源。直到今天，隅田川的花火大會已成為東京的夏季例行活動，並且獲得廣大群眾的支持。事實上，隅田川的花火大會曾經中斷過一段時期，直到一九七八年（昭和五十三年）才又重新開始舉辦。

日本全國各地普遍舉辦煙火大會，是在江戶時代以後，所有這類活動當中，規模最盛大的，就是兩國隅田川煙火大會。

隅田川第一次舉辦煙火大會是在一七三三年（享保十八年）。因為前一年發生了饑饉和瘟疫，八代將軍吉宗為了告慰死者，除厄避邪，所以特地舉行水神祭，並在祭典中施放煙火。從此以後，幕府每年都在隅田川畔舉辦煙火大會。

現代的煙火大會通常只舉辦一晚，這種規模的祭典對江戶人來說是不夠的。據說當時都是在隅田川開河期間，也就是每年五月二十八日至八月二十八日的三個月之間，每天晚上都能在夜空裡看到燦爛的煙火。不過，當時能夠舉辦這麼奢侈的演出，也是因為有人願意贊助。據說煙火屋的夥計每天都要到河邊的料理店或納涼船，去向乘涼的顧客招攬說：「要不要來一發煙火？」碰到出手大方的財主願意掏錢資助的話，夥計立刻向周圍看煙火的觀眾大聲宣布財主的姓名。

爬上長屋的屋頂就能觀賞

當時的煙花主要是用硝石、木炭、硫磺等材料混合製成的單發煙花，發射後呈淡橘色，不過煙火師彼此競爭得很厲害，都想研發出更複雜的成品。根據一八〇四年（文化一年）的紀錄顯示，當時已有幾十種大型煙花，分別叫做「柳火」「銀

江戶秘話

命運不同的玉屋與鍵屋

江戶時代有兩家專門製作煙火的商店：「玉屋（たまや）」與「鍵屋（かぎや）」，現代人觀賞煙火時發出的歡呼聲，就是叫喊這兩家商店的名字。當時負責在隅田川上游放煙火的是玉屋，下游則由鍵屋負責。事實上，玉屋的老闆原本是鍵屋的店員，後來獲得鍵屋第六代老闆的許可，自己出來開店。兩家煙火店不斷爭相研發新技術，也讓江戶子大飽眼福。然而，玉屋在一八四三年（天保十四年）發生重大火災，災後不但被沒收財產，還被趕出江戶。鍵屋則一直經營到現在。

兩國橋上擠滿了觀賞煙火的群眾

觀賞煙火的群眾把兩國橋擠得水泄不通。每當煙火升起，群眾就高聲大喊「かぎや～」「たまや～」。五雲亭貞秀〈東都兩國橋夏景色〉（國立國會圖書館）

河星」「抱子亂蟲」「飛亂蟲」等。

每年施放煙火期間，兩國橋被大批民眾擠得水泄不通，河面上排列著密密麻麻的納涼船。事實上，那個時代周圍並沒有遮住視線的高大建築，民眾想看煙火也不需要跑到現場去湊熱鬧，只要爬上長屋的屋頂，就能看得非常清楚。

兩國的煙火經常被畫進浮世繪的畫面裡，我們經由這些作品也能切身體會，欣賞煙火在江戶人心目中確實是充滿歡樂的事情。

孩童的線香煙火

江戶時代還有一種線香煙火，燃放起來不像煙火那麼驚人，卻很受孩童的歡迎。〈孩童的煙火遊戲〉（國立國會圖書館）

江戶軼聞　芭蕉的門人其角曾留下形容兩國人潮洶湧的詩句：「花火起飛，一兩燒光，千人扶欄，登橋乘涼。」

祭典 37

從將軍到庶民都喜愛祭典。江戶最熱鬧的祭典是什麼？

江戶時代，山王權現主辦的「山王祭」和神田明神主辦的「神田祭」並稱為「江戶二大祭」。這兩項活動也號稱「天下祭」，因為將軍特准祭典的遊行隊伍進入江戶城樓。

江戶子的性格活潑好動，最喜歡參加各種祭典活動。江戶市內經常舉辦各種祭典，其中規模最盛大的首推山王權現（現在的日枝神社）主辦的「山王祭」，和神田明神主辦的「神田祭」。由於將軍也喜歡觀看這兩項祭典，所以被稱為「天下祭」，祭典的遊行行列裡包括許多精心設計的山車，還有踩著各種花式慢步的遊行隊伍。神轎在參加活動的信徒圍繞中，緩緩移向江戶城樓。

今日，這兩項祭典再加上富岡八幡宮主辦的「深川祭」，並稱為「江戶三大祭」。而山王祭又跟京都的「祇園祭」，大阪的「天神祭」，並稱為「日本三大祭」。

山王祭在每年的六月十五日舉辦，神田祭則是九月十五日，由於兩項祭典都辦得特別隆重，所以從一六八一年（天和元年）起，分別改為隔年舉辦。現在雖然每年都舉行祭典儀式，但是規模最盛大的主祭，卻是每隔兩年才舉辦一次。

神田祭

這幅畫是明治九年的作品，畫面裡可以看到色彩鮮豔的遊行行列。神田祭的藝閣最早拉進江戶城，是在一六八八年（元祿元年），也就是綱吉時代。據說藝閣進入城樓之前，幕府對於遊行展示的內容、車輛的順序等都有詳細規定。西村藤太郎、芳藤〈東京神田神社祭禮之圖〉（國立國會圖書館）

山王祭

畫面裡可以看到四十多台藝閣和緩慢前進的遊行行列。最引人注目的是紙糊大象。楊州周延〈江戶風俗十二月之內　六月　山王祭〉（國立國會圖書館）

各町都有引以爲傲的山車遊行

所有的祭典裡，最令觀眾傾倒的，就是豪華絢爛的山車遊行。緊跟在山車後面的，還有載著樂隊的露台，紙糊的動物模型，以及化著濃妝的成員組成的隊伍，一路上載歌載舞，充滿熱鬧歡快的氣氛。據說遊行隊伍向來是由神社所屬的町內人士決定，這些地方人士總是爭強好勝，想比前一年辦得更出色，所以遊行隊伍也越來越豪華。每年到了祭典這天，江戶子很早就到路邊的觀眾席佔位子，等著欣賞繁華喧鬧的隊伍通過。

但是明治中期以後，山車已從遊行隊伍裡消失，現代的祭典也都變成以神轎為主角。

除了上述幾項大型祭典之外，江戶各地神社也會定期舉辦祭典。當然這些地區性祭典也給江戶子帶來絕頂歡樂的時光。祭典不僅能讓庶民暫時忘卻日常工作，更是少數能讓庶民盡情享樂的活動。

兒童抬神轎

祭典在孩童眼中也是充滿歡樂的活動吧。這是一幅扇面畫，畫中的孩童正在抬神轎。芳藤〈天王御祭禮團扇繪〉（東京都立中央圖書館特別文庫室）

江戶軼聞　現在東京規模最大的祭典，是淺草神社舉辦的「三社祭」。這項祭典現在已經取代深川祭，成為「江戶三大祭」之一。

江戶掀起旅遊熱。庶民也能任意遊走四方？

江戶的旅遊熱是被一本書點燃的。這本書叫做《東海道中膝栗毛》。另一方面，幕府對以宗教信仰為目的的旅遊限制比較少，所以庶民才能隨意地前往各地旅遊。

點燃江戶子旅遊熱的這本書，是十返舍一九的《東海道中膝栗毛》。書中以幽默筆法描寫日本各地的著名景物。據說，當時很多人就是因為讀了書中的故事，才起而效之，模仿書中主角去嘗試一下旅遊的歡樂。

由於幕府對信仰為目的的旅遊管制比較寬鬆，當時庶民之旅都是前往伊勢、成田山、秩父等地進行「參拜旅遊」。《東海道中膝栗毛》裡的彌次和喜多兩人的旅遊目的也是「伊勢參」。

除了上述三地之外，江之島、大山也很受歡迎，因為離江戶較近，而且不像通過箱根關卡，需要事先申請手形（通行證），所以有很多庶民到這兩處旅行。貞享年間（一六八四～一六八八年）之後，箱根的溫泉越來越有名，前往當地享受「箱根七湯漫遊」的人也變多了。

如果旅途中有關卡，旅行者出發前必須先準備身分證明書和「往來手形」（來回通行證）。手形是由町奉行發行，上面寫著持證人的姓名、父母姓名、出生地。另外還有町奉行的附註：「謹此證明持證人之身分」。

旅行裝束必須精簡

江戶人出門旅行基本都是靠步行，所以隨身物品越簡單越輕便越好。譬如像折疊式燈籠、打火工具（為了點亮燈籠）、攜帶式日晷時鐘、裝藥品的印籠（木製或金屬製的盒狀容器），菸草包、零錢包等，都是必不可缺的旅行道具。

江戶後期，庶民開始流行前往箱根等地進行湯治之旅。廣重〈箱根七湯圖會　底倉〉（國立國會圖書館）

女性的江之島参拜之旅

江之島是極受歡迎的旅遊地之一。参拜者主要是去参拜江之島供奉的女神「弁財天」。廣重〈江之島弁財天開帳参拜〉（國立國會圖書館）

旅行者的裝束

傘形帽是必需品，可防風雨、日曬
女性和老人手持拐杖
腰帶上掛著各種小物
綁腿可防腿部肌肉疲勞與泥濘
草鞋在沿途的宿場更新無數次

廣重〈木曾海道六十九次之內　高崎〉（國立國會圖書館）

此外，町人平時雖然禁止帶刀，但出門旅行是允許攜帶「脇差」（護身小刀），不過會帶武器的人並不多，一方面因為小刀佔空間，另一方面，也擔心真正需要時不能立即拔出來。

旅遊熱掀起之後，有人出版了一本小冊子叫做《旅行用心集》，書中的篇章包括：旅行者注意事項，疲勞恢復法、注意毒蟲毒草等，就連如何在旅途避免遇到麻煩的方法，也寫得非常詳盡，譬如：「不要譏笑別人的鄉下口音」、「要把每個人都看成小偷」、「不要跟當地的年輕女子搭訕」等。

江戶軼聞 由於當時嚴禁「偷運槍炮進城，女人離城返鄉」，所以女性一個人出門旅行是不被允許的。

幕府公認的男性尋歡場所。遊廓吉原是什麼地方？

這是與世隔絕的地方，裡面住著許多遊女（妓女）。遊女分很多等級，其中最高等級叫做「太夫」，地位高得像是山頂的花朵，一般庶民可望而不可即。

江戶發展越來越繁榮，遊女屋（青樓）的數量也越來越多。一六一七年（元和三年），幕府命令所有遊女屋都集中遷到葺屋町（中央區），在這裡建成一處遊廓（紅燈區），也就是後來的「吉原」。之後，隨著都市規模逐漸擴大，吉原附近逐漸變成市中心。一六五六年（明曆二年），幕府再度命令吉原搬遷至淺草的日本堤附近，並命名為「新吉原」。

吉原的四周被一條名為「御齒黑溝」的人工河團團圍住，河上只開一座大門，供尋歡客進出。在這塊完全與世隔絕的土地上，共有兩千~四千名遊女在這裡生活。

這些遊女當中，有些人是為了餬口，自願出賣肉體，但絕大多數都是被名為「女衒」的人肉販子賣進青樓當妓女的。女衒通常先到全國各地貧農家裡物色對象，然後從這些農村的父母手裡買下他們的女兒。據說也因為這個理由，很多尋花問柳的男人都對吉原的遊女抱著同情的態度。這些遊女賣到吉原後，一般都得工作十年以上才有可能脫身。所以有一句俗語「苦界十年」，就是形容這些女孩。儘管她們吃苦十年，能夠換來自由之身，但因為賣笑的生活對身體造成傷害，很多遊女年紀輕輕就一病不起。

庶民只能去岡場所

遊女分很多等級，排名第一的叫做「太夫」，其次是坐在木格欄杆裡面拉客的，叫做「格子女郎」，更下等的叫做「散茶女郎」。

江・戶・漫・步

淨閑寺

荒川區南千住 2-1-121

葬在這裡的青樓女子猶如任意投擲在地，後來也叫做「投込寺」。為了憑弔那些亡故的妓女，寺院的院內有一座「新吉原總靈塔」。

太夫不僅容貌美麗，還具備了豐富的學養與技藝，所以有資格找太夫陪坐陪酒的，只有旗本、大名，或是富裕的町人。太夫看不上眼的客人，不論向她捧上多少金銀，都得不到青睞，甚至還會斷然拒絕。由此可知，太夫對自己的地位是相當自傲的。也難怪在庶民眼中看來，太夫就像山頂的花朵，可望而不可即。

吉原的玩樂花費極為昂貴，規矩又多，所以希望輕鬆玩樂的庶民比較喜歡到「岡場所」尋歡。「岡場所」就是沒有獲得幕府批准的私娼館，除了像品川宿之類的「江戶四宿」之外，市內其他地區也有很多岡場所，雖然幕府經常前往取締，但這些岡場所仍舊頑強不懈地經營下去。

吉原的區內道路

明月照耀下的仲之町。廣重〈東都名所　吉原仲之町夜櫻〉（山口縣立萩美術館・浦上紀念館）

裝扮豔麗的花魁

等級最高的太夫叫做花魁，不僅姿容美麗，還修習過歌舞、插花、書法等各項技藝。國貞〈新吉原京聽一丁目角海老屋內（角えびやうち）〉（國立國會圖書館）

江戶軼聞　當時也有恩客肯為遊女贖身，但這種前例畢竟還是少數，反而是遊女跟相戀的恩客一起殉情的例子比較多。

目標是一獲千金！江戶流行的「富籤」如何賺錢？

「富籤」相當於現代的寶籤彩票，江戶時代的庶民之間曾經掀起過購買熱潮。全民搶購富籤最瘋狂的時期，江戶各地都在推銷富籤。這種彩票的中獎金額最高可達一百～三百兩，對庶民來說，這真是一筆令人咂舌的巨款。

自古至今，期待一獲千金的美夢從來都沒從人類的腦中消失過。江戶時代就曾流行過一種「富籤」，跟現代的寶籤彩票一樣，能讓人在一夜之間變成大富翁。

富籤最初是寺院神社為了籌集修繕經費想出來的妙計，後來逐漸發展成為宗教機關的事業，尤其是感應寺、目黑不動、湯島天神發行的富籤特別受歡迎，並被稱為「江戶三富」。這三間寺院每月的開獎日分別是：目黑不動為五日，湯島天神是十六日，感應寺則是十八日。

據說幕府當初所以批准出售富籤，一方面因為收入可以提供寺院神社的資金補助，另一方面，也希望藉此盡量把這類賭博活動限定在寺院神社裡，防止賭博氾濫。

購買富籤的順序如下：付錢之後，購買者收到木牌與紙條，上面印著相同的號碼，木牌交還給主辦單位，紙條留在購買者手中。之後，寺院神社把木牌全部收進大木箱裡，到了抽籤日，先把木牌倒出來亂攪一番，再收回木箱。接著，由主辦單位用長柄的錐子當場從箱裡叉起一塊木牌，牌上的號碼就是中獎號碼。又因為「叉」這個動作的日文寫作「突」，所以富籤又叫「富突」或「突富」。按照規定，長柄錐總共會叉一百次，所以每次都有一百個中獎號碼。最後叉出來的木牌，能獲得最高額獎金。

合夥團購也很流行

富籤的最高中獎金額隨時代而變動，以一百～三百兩最多。用現代的價值換算，當時購買一張富籤要高達數萬元，所以庶民之間很流行幾個人湊起來合買。但是就算按照人頭分攤，對庶民來說，金額還是貴得無法想像。此外，當時還流行一種叫做「影富」賭博遊戲，

當時實際使用的富籤牌〈江戶三緣山增上寺富牌〉（寶籤夢想館）

每當富籤的木牌被抽出來，群眾就發出一陣歡呼。選自《東都歲時記》

參加者從一百多號至一千多號當中選一個，然後付錢下注，這種違法的賭博雖然獲獎的金額比較少，但是下注的金額也不必太高，所以庶民都比較喜歡賭「影富」，甚於富籤。

富籤最流行的時期是在天保年間（一八三〇～一八三四年），每年大約舉行一百二十回左右，但幕府在一八四二年（天保十三年）頒布了禁令，全面禁止富籤。直到一九四五年（昭和二十年），富籤才改名為「寶籤」之後又重新登場。

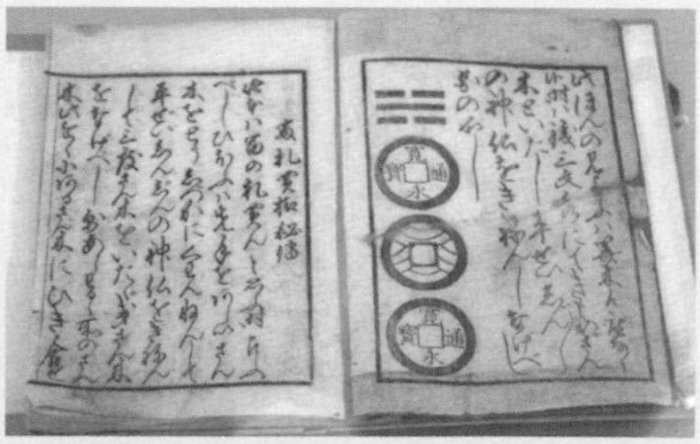

《富籤買樣祕傳》是一本傳授抽中富籤祕訣的指南讀物，於一七七四年（安永三年）出版。（寶籤夢想館）

江・戶・漫・步

湯島天神

文京區湯島 3-30-1

湯島天神的富籤名列「江戶三富」之一，神社舉辦的抽籤活動深受民眾歡迎，每月十六日是抽籤日。這座神社因供奉菅原道真而出名，菅原道真是日本的「學問之神」，每年都有很多考生前來祈願考場如意。

江戶軼聞　戶幕府雖然嚴禁賭博，但是一般庶民卻照樣公然進行擲骰子賭博，幕府也無暇取締。

梵谷、莫內都曾受到影響。最受歡迎的繪師留下哪些作品？

浮世繪最早起源於江戶中期的單色墨色版畫，之後逐漸進化成為彩色刷印的錦繪。江戶時代出現過許多繪師，其中最受大眾歡迎的包括：喜多川歌麿、東洲齋寫樂、葛飾北齋、歌川廣重等。

據說印象派畫家梵谷、莫內都曾深受日本浮世繪的影響。

浮世繪的歷史可追溯到江戶中期，最先出現的是單色的墨色版畫「墨摺繪」，之後演進為手繪著色的「丹繪」與「紅繪」，接著是刷印數種顏色的「紅摺繪」，最後終於進化為多層色版重疊刷印而成的彩色「錦繪」。

浮世繪的黃金時期在寬政年間（一七八九～一八〇一年）至天保年間（一八三〇～一八四四年），這段時期日本畫壇誕生了許多有名的繪師。

譬如像喜多川的美人畫（頁六八）和東洲齋寫樂的役者繪，都深受大眾喜愛，而葛飾北齋的〈富嶽三十六景〉和歌川廣重的〈東海道五十三次〉等系列畫作，也是當時的暢銷作品。除了這些題材之外，浮世繪的內容包括各種主題，譬如像花魁（等級最高的太夫）或力士（相撲選手）等。但因為幕府會審查浮世繪，所以從沒有繪師畫過跟武士有關的作品。

明治時代以後，日本人對浮世繪失去了興趣，反而是海外的美術愛好者開始追捧浮世繪，許多畫作也因而流落到海外。所幸最近日本國內重新體認浮世繪的藝術價值，並且給予極高的評價。

東洲齋寫樂（生卒年代不詳）

寫樂是江戶時代的繪師，一七九四年（寬政六年），寫樂突然現身日本畫壇，在短短的九個月之間，他留下一百四十五件作品，然後就突然消失了。寫樂的真實身分至今仍然是謎。他最擅長的作畫種類是「大首繪」（大頭畫），這類作品也最能反映歌舞伎演員的個性。〈三代目市川高麗藏之志賀大七〉（山口縣立荻美術館・浦上紀念館）

〈富嶽三十六景　神奈川沖浪裏〉（山口縣立荻美術館・浦上紀念館）

葛飾北齋（1760～1849）

北齋七十歲之後發表的「富嶽三十六景」，從此奠定了他身為風景畫家的地位。「富嶽三十六景」全套共四十六張，其中的〈神奈川沖浪裏〉等作品常被介紹為北齋的代表作。

〈富嶽三十六景　凱風快晴〉（山口縣立荻美術館・浦上紀念館）

歌川廣重（1797～1858）

廣重曾經參與幕府的例行活動而前往京都，後來，他根據這次經驗完成的「東海道五十三次」成為暢銷作品，之後，他又連續創作「近江八景」「木曾街道六十九次」「名所江戶百景」等為數眾多的風景畫。

〈東海道五十三次京都〉（東京都立中央圖書館特別文庫室）

〈東海道五十三次蒲原〉（東京都立中央圖書館特別文庫室）

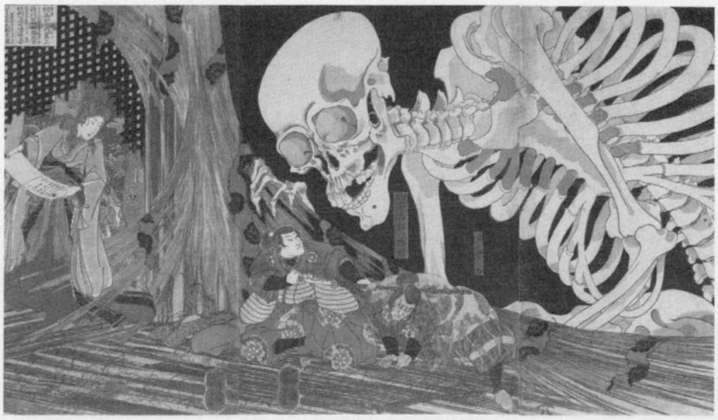

歌川國芳（1797～1861）

國芳的繪畫才能充分發揮在「武者繪」（古代的英雄、豪傑、武將等故事人物為主題的畫作）。這幅畫是他的代表作之一，是以山東京傳的故事讀本《忠義傳》為題材而創作的作品。畫面裡有個骷髏伸出一半身體，實在是大膽又奇特的構圖。國芳非常喜歡貓，以貓為主題的作品相當多。〈相馬之古內裏〉（山口縣立荻美術館・浦上紀念館）

江戶軼聞　當時由於風景畫的價格遠低於美人畫，所以北齋和廣重的生活都很貧困。

租書店大流行！江戶子讀過哪些書？

江戶子的讀書風氣很盛，尤其在江戶後期，可說是出版的全盛時代，各種類型的暢銷書不斷上市，從小說到實用書，應有盡有，但一般庶民都是到租書店去借書閱讀。

江戶時代由於寺子屋極為普及，庶民的識字率很高，所以江戶子都很喜歡讀書。但因為紙張在當時屬於貴重物品，價格非常昂貴，庶民無法隨意購買書籍。為了滿足大眾的需求，就有人開始經營租書店。根據資料顯示，一八〇八年（文化五年），江戶市內共有六百五十六家租書店。所謂的租書店，其實是由店家背著書籍到處去找顧客，雙方談好租書期限之後，店家才向顧客收取租金。多虧有租書店，讀者才能輕鬆讀到各種書籍，更為那些搶手的作家創造了良好的創作環境，有大量暢銷作品先後問世。代表作品包括：井原西鶴的《好色一代男》、近松門左衛門的《曾根崎心中》、山東京傳的《仕懸文庫》、十返舍一九的《東海道中膝栗毛》、瀧澤馬琴的《南總里見八犬傳》、為永春水的《春色梅兒譽美》等。

此外，各種實用書籍也陸續出版，譬如像：貝原益軒的《養生訓》、《家道訓》，還有女性教養書如：《女大學》、《女今川》等。另外，教人做菜的料理書也很受歡迎。

禁書也在地下流通

江戶時代的出版業當然不像現代這麼自由，凡是違反幕府施政方針，或跟將軍家有關的書籍，都會受到嚴格限制。此外，相當於現代成人書籍的「好色本」也被嚴厲取締。不過，上有政策，下有對策，不論在哪個社會，都會有人鑽法律漏洞，所以，當時的禁書仍然能夠經由租書店私下流通，庶民也把這些禁書視為難得的資訊來源。

《南總里見八犬傳》的底稿

書頁裡可以看到重複黏貼幾層紙張的訂正痕跡。瀧澤馬琴《南總里見八犬傳》（東京都立中央圖書館特別文庫室）

江戶的暢銷作品

標題／作者	出版年份	內容簡介
《好色一代男》 井原西鶴	1682 年 （天和2 年）	這部小說是俳諧作家西鶴改行當小說作家的第一部作品，內容以性格奔放的男主角世之助跟眾多女性的戀愛故事為主。作品中充滿官能性與娛樂性的元素，因此深受庶民喜愛。西鶴之後又連續發表了《好色一代女》等數部以描寫情色為主的作品。
《曾根崎心中》 近松門左衛門	1703 年 （元祿16 年）	原本是根據真實的殉情故事改編的「世話淨琉璃」（一種以江戶町人社會的情義、戀愛與人情糾葛為主題的演劇），由於演出受到歡迎，劇本也隨之熱賣，不久，這個故事在演劇與出版兩方面都變成暢銷作品。後來甚至掀起殉情的社會風潮，一七二三年（享保八年），幕府下令禁演《曾根崎心中》，殉情的死者也不准舉辦葬禮。
《養生訓》 貝原益軒	1713 年 （正德3 年）	儒家學者益軒八十三歲時根據自己的親身體驗，寫成了這部作品，他在書中分身心兩方面，向讀者傳授長壽的養生祕訣。愛讀者都把這部作品視為健康生活型態的範本。
《仕懸文庫》 山東京傳	1791 年 （寬政3 年）	這部小說描寫的是江戶深川仲町的私娼風俗，而這類專以江戶紅燈戶為舞台的小說，被稱之為「洒落本」。小說內容充滿情色，作者山東京傳卻故意標榜為「訓誡讀本」，但他後來還是因為包括這部小說在內的七部作品受到幕府的懲罰。
《東海道中膝栗毛》 十返舍一九	1802 年 （享和2 年） ～ 1814 年 （文化11 年）	這部連載滑稽故事描寫的是弥次和喜多的旅途見聞。主角彌次和喜多是江戶長屋的鄰居，兩人突然想去伊勢參拜，便攜手踏上了東海道之旅。作者原本只計畫撰寫兩章，讓兩名主角順著東海道走到安藝為止，不料作品發表後深獲好評，作者又連續發表了續篇。江戶庶民因為這部作品問世，掀起了旅遊熱潮。
《南總里見八犬傳》 瀧澤馬琴	1814 年 （文化11 年） ～ 1841 年 （天保12 年）	這是一部長達一百零六冊的超長篇連載小說，內容描寫八犬士努力重建里見家族的故事。作者花費二十八年的時間，才完成這部巨作。故事圍繞勸善懲惡的主題，結構複雜，內容曲折，因而獲得庶民的喜愛。據說作者馬琴晚年失明，最後是以口述方式完成作品。
《春色梅兒譽美》 為永春水	1832 年 （天保3 年） ～ 1833 年 （天保4 年）	這部愛情喜劇小說描寫的是美男子丹次郎，和兩位深川藝妓米八、仇吉等三人之間的故事，也是當時描寫町人戀愛故事的「人情本」當中最具代表性的作品，深受女性讀者的喜愛，但在天保改革時受到禁止出版的處分。

江戶軼聞　現代的錄影帶出租連鎖店「TSUTAYA」的名稱，其實是取自江戶時代有名的出版製作人蔦屋重三郎的名字。

充滿幽默感！川柳、狂歌如何有趣？

川柳詩是江戶中期的柄井川柳發明並加以推廣的文學型態，寫作者懷抱詼諧的態度，以「五・七・五」字數構成的詩句吟誦生活中的瑣事或自己的心情。另一方面，狂歌則屬於知識分子的娛樂，因為需要歌道與古典文學修養作為基礎。

發明川柳詩並把這種文字遊戲推廣到民間的，是江戶中期的柄井川柳。川柳詩的前身是一種叫做「前句付」的文學型態。柄井川柳想到以「七・七」字數構成的「前句」為題，讓創作者寫一首「五・七・五」的「長句」，而前句與長句合在一起，正好就是一首短歌。

於是柄井川柳以自己創作的「前句」為題，向一般庶民徵求應和的「長句」，並向應徵者收取「入花」（評選詩句的酬勞）。一七六五年（明和二年），柄井川柳將入選作品的前句刪去，重新匯集編成了《柳多留》詩集。沒想到這種沒有前句的「五・七・五」獨立詩體結構，竟然受到好評，並且開始流傳，當時這種詩體被稱為「川柳點」或「柳風狂句」。不過「川柳」這個名詞逐漸被大眾接受，是在明治時代以後。

對庶民來說，川柳是表現詼諧感的文字遊戲，創作者心懷幽默，巧思字句，以創作詩句來戲謔生活或諷刺社會。江戶時代留下了許多作者不詳的川柳。看了這些詩句，我們對當時大眾的生活與心情才有更深入的了解。

反映江戶子氣質的川柳詩

好男人，做二十天吃一年

（江戶時代最受男性歡迎的職業之一，就是相撲選手。當時每年舉辦兩次相撲比賽，每次十天，相撲選手每年只需工作二十天，深受大眾羨慕。）

紫色與男人，唯有江戶好

（當時流行一種略帶藍色的紫色，稱為「江戶紫」，江戶人都認為這是最美的顏色。另一方面，江戶人也認為江戶的男人才是最棒的男人。）

夫妻在拌嘴，燒接屋佇立門前

（「燒接屋」是專門修理破損陶器的小販。這首詩主要是表達小販很會做生意，聽到某戶家中的夫妻正在吵架，就站在門外等待裡面摔破碗盤，然後會找自己修補。）

忙攢錢，投錯胎的江戶人

（江戶子認為大方揮霍是一種美德。這首詩是表達江戶子不屑存錢的豪放。）

歡喜得初物，敲響佛堂鐘

（江戶子熱中品嚐各種「初物」，其中又以鰹魚最受吹捧。得到初物是一件值得慶賀的事情，江戶子得到初物回家後，一定先供上佛堂，然後「叮」地一聲敲響佛堂鐘。）

創作狂歌需有學問

狂歌則繼承短歌傳統，故意營造滑稽氛圍的文學型態。創作者以打趣古代名作的方式競相展現趣味性。可以說，狂歌比川柳的門檻更高，是更高級的文字遊戲，因為創作者必須懂得歌道的傳統與古典文學的素養。

不論創作川柳或狂歌，基本要素都是笑看人間的態度。我們從這些作品裡看到江戶子的氣魄，即使生活貧困，他們也不忘戲謔心及幽默感，仍然非常快樂地活著。

江·戶·漫·步

柄井川柳之墓

台東區藏前 4-36-7

川柳詩是由柄井川柳首創，他的墳墓在「龍寶寺」的院內。龍寶寺一般通稱「川柳寺」，院裡有一座石碑，上面刻著柄井川柳生前創作的最後一首川柳詩：「寒風起，川柳新芽墳前發。」

庶民的吟詩風潮

當時，庶民之間流行把寫好俳句、川柳詩供奉在寺院神社裡。國明〈高尾山開帳川柳點奉額圖〉（東京都立中央圖書館特別文庫室）

江戶軼聞

柄井川柳去世後，《柳多留》繼續發行到一八四〇年（天保十一年）為止，總共發行了一百六十七集，可見川柳在當時深受大眾喜愛。

庶民爭購演員畫報！歌舞伎在江戶子心中是什麼樣的角色？

歌舞伎既是傳統戲劇，也是時尚流行的發源地。歌舞伎演員在江戶子心目裡，是心嚮往之的崇拜對象。現場觀賞歌舞伎需要耗時一整天，是當時最高級的娛樂。

江戶時代，歌舞伎曾在民間掀起狂熱，瘋狂程度就連幕府也束手無策。

歌舞伎的雛形來自舞蹈──「傾舞（かぶき踊り）」，最初是江戶初期一名叫做出雲阿國的女藝人創造的。後來到了元祿年間（一六八八～一七〇四年），這種舞蹈經過了大規模的改進之後，成為戲劇形式的表演。只是，江戶跟上方的發展方向完全不同。江戶的代表演員是初代市川十郎，他最拿手的表演叫做「荒事」，主要是在表現英雄或神佛的強大力量，上方的代表演員是初代田藤十郎，他最擅長的表演叫做「和事」，主要扮演寫實故事裡的多情男子。

江戶人觀賞歌舞伎表演的前一天晚上就得趕到劇場去。因為當時火災頻發，為了慎用火燭，劇場只能在白天演出。觀眾為了佔個好位子，就得前一天晚上開始排隊。歌舞伎劇場每年大約舉辦十次公演，對江戶子來說，到劇場觀賞歌舞伎那天，也就是一年當中最值得慶祝的日子，所以不論男女都會穿上最好的服裝去看戲。

耗時整天的休閒娛樂

歌舞伎表演的開演時間是早上六點，晚上六點才正式結束，真是名符其實耗時一整天的休閒娛樂。

歌舞伎演員在庶民心目中既是偶像，也是引領時尚的楷模，所以「役者繪」（歌舞伎演員畫像）在當時極受歡迎。這

役者繪

這是寫樂創作的一幅役者繪（歌舞伎演員畫像），畫中人物是天明、寬政年間以扮女角著名的演員三世瀨川菊之丞，他也是歌舞伎劇場森田座的負責人。在寫樂創作的女角畫像中，這幅畫特別受到矚目。寫樂〈三世瀨川菊之丞之田邊文藏妻阿志津〉（山口縣立荻美術館 ・浦上紀念館）

小劇場的熱鬧景象

畫中的「中村座」跟市村座、森田座並稱「江戶三座」。劇場門前的觀衆擠得水泄不通，牆上貼著海報上面寫著「大入」，祈願財源滾滾而來。豐國〈三芝居之圖　中村座內外之圖〉（國立國會圖書館）

種類似現代明星海報的浮世繪幾乎一上市，就立刻銷售一空。有些搶手演員號稱「千兩役者」，據說他們真的每年都能賺到一千兩（一億元）的收入。寬政年間（一七八九～一八〇一年）以後，幕府認為歌舞伎演員實在賺太多了，必須加以限制，於是頒發禁令，規定演員每年最高年薪不得超過五百兩。儘管類似的禁令反覆頒布過很多次，但歌舞伎界也沒有確實遵守。一八四一年（天保十二年），歌舞伎劇場在幕府的改革旗手水野忠邦指揮下，全部遷移到淺草猿若町接受集中管理，但在水野下台後，劇場又恢復了從前的熱鬧景象。

淺草猿若町夜景

小劇場搬遷至猿若町之後，這裡成為劇場街，市景熱鬧繁華，畫中的人群都是看完戲陸續離去的觀眾。廣重〈名所江戶百景　猿若町夜景〉（國立國會圖書館）

江戶軼聞　現代的「幕之內便當」這個名詞，就是從江戶時代流傳下來的。因為當時的觀眾都是在兩幕之間（幕之內）的休息時間吃便當。

比歌舞伎更易接近的娛樂！空前的寄席熱是真的？

幕府末期，僅僅江戶市內就有一百七十多間表演落語的寄席（表演落語的小劇場）。這種狀況也充分反映了落語在當時受歡迎的程度。號稱近代落語創始者的三遊亭圓朝就在這種時代背景下登上落語界的舞台。

很多人一聽到「江戶時代」，就會立刻聯想到落語，不過大眾對「落語」這個名詞開始感到熟悉，還是在昭和三十年代之後。

江戶落語的先驅人物有好幾位，都是延寶・貞享年間（一六七三～一六八八年）在落語界嶄露頭角的名人，譬如江戶的鹿野武左衛門、京都的街頭藝人露野五郎兵衛、大阪的米沢彥八等。

其中以武左衛門最受歡迎，觀眾都認為他的「座敷仕方咄」（被豪門大宅請到家裡表演的落語，演出時加入許多肢體動作）為天下第一。然而，武左衛門後來卻受冤入罪，最後甚至還被流放到外島，江戶落語也因而沒落了一段時期。

落語熱潮來了

一七九八年（寬政十年），「三題噺」（一種落語的型態）創始者三笑亭可樂在下谷柳町開設一間收費的寄席。這也是江戶落語開始普及的契機，之後，江戶落語界陸續誕生了幾位著名表演者，譬如像林屋正藏、古今亭志生等。據說一八二九年（文政十二年）前後，江戶市內已有一百二十五間寄席。

三遊亭圓朝

不僅擅長「三題噺」，也善於創作「人情噺」腳本。國周〈日千兩大江戶賑〉（東京都立中央圖書館特別文庫室）

不久，水野忠邦開始實行天保改革，寄席受到幕府的管制，落語熱潮也暫時陷入沉寂，但是忠邦下台之後，寄席又立刻在民間燃起新的狂熱。寄席剛開始在江戶出現時，觀眾主要是武士或商人，江戶晚期之後，庶民也爭相前往寄席欣賞落語。因此，幕府末期的江戶市內除了一百七十多間演出落語的寄席之外，還有兩百多間表演說書的寄席。由於寄席的門票價格比較便宜，而且遍布市內各地，所以對庶民來說，落語應該是比歌舞伎更容易接近的休閒娛樂吧。

就在這陣落語狂熱當中，近代落語創始者三遊亭圓朝誕生了。圓朝對江戶落語的所有分野都很擅長，譬如像落噺、人情噺（以人情故事為題材的落語）、芝居噺、怪談等，可說集大成於一身。他更善於表現寫實的心理描寫，據說坪內逍遙、二葉亭四迷等著名文學家都對他讚不絕口。

近代落語的發展過程

江戶初期	朗誦《太平記》或以說唱方式敘述《徒然草》等作品。
江戶中期	講談師深井志道軒開始在淺草寺的院內表演，主要以戰爭為題材的通俗小說為講談的腳本。 江戶的鹿野武左衛門、京都的辻芸人、露的五郎兵衛、大坂的米沢彥八等人先後出現在觀眾面前，他們可算是現代落語的開拓者。
江戶後期	一七九八年（寬政十年）三笑亭可樂在下谷柳町開設寄席（表演落語的小劇場）。他也是三題調的創始者。 林屋正藏、古今亭志生等著名的落語家先後出現在觀眾面前。 幕府限制民間開設寄席，落語風潮也逐漸衰退。
幕府末期	近代落語創始者三遊亭圓朝登場，將以往各分野的江戶落語集大成於一身。

江戶祕話

街頭表演與雜技小劇場

除了歌舞伎與寄席之外，寺廟或神社院內小廣場演出的街頭技藝也給庶民帶來歡樂。這類演出的內容多采多姿，譬如像陀螺秀、耍大刀、民謠演唱、淨琉璃等。觀眾如果看得開心，就賞幾文給表演者，金額大約從一文至四文不等，如果覺得表演無趣，便立即轉身離去。

兩國、上野、淺草之類的繁華街還有「見世物小屋」（表演各種雜技的小劇場），提供各種表演，譬如歌唱、魔術、舞蹈、稀奇動物、活人偶、發條人偶等，表演的內容應有盡有，充分滿足江戶子的好奇心。

江戶軼聞　「落語」這個名詞是從「落噺」而來，「落」指表演結束時以俏皮話、諧音或雙關語為結尾的落語，「噺」即故事，「落噺」則指結尾有「落」的短篇故事。昭和時代之前，落語一直被稱為「落噺（おとしばなし）」。

大相撲
46

大相撲是三大娛樂之一。哪些力士受歡迎？

江戶時代有很長一段時間，回向院境內經常舉辦大相撲比賽。特別是在天命．寬政年間登場的谷風梶之助、小野川喜三郎、雷電為右衛門等勇猛強壯的力士，當時都受到廣大群眾的愛戴。

大相撲在古代是祭神儀式中表演的武術，到了寬永年間（一六二四～一六四四年），幕府舉辦勸進相撲（為籌集興建或繕修寺院神社的經費而舉辦的比賽），大相撲從此變成定期舉辦的活動，不僅深受江戶子的喜愛，還跟歌舞伎、吉原並列為江戶三大娛樂。

然而，由於比賽期間，場內經常發生爭吵與鬥毆事件，幕府便禁止舉辦大相撲比賽。一七四二年（寬保二年），這項禁令被取消了，幕府重新制定大相撲比賽方式，規定每年分別在三個城市舉辦，春、冬二季在江戶，夏季在京都，秋季在大坂。

江戶的大相撲比賽最初是在各地寺院神社的境內舉辦，後來才決定以回向院作為固定的比賽場所。

江戶前期，京都、大坂等上方大相撲選手的戰力顯然比江戶強很多。到了江戶後期，江戶大相撲選手的實力才超過了上方。尤其是天命．寬政年間（一七八一～一八〇一年）的谷風梶之助、小野川喜三郎、雷電為右衛門等超強力士的驍勇競技，都是江戶子瘋狂追逐的對象，就像大家追逐歌舞伎演員一樣。許多繪師還把大相撲競賽當作錦繪的主題。力士跟歌舞伎演員、町火消並列，是江戶子最崇拜的職業。

事實上，上述幾位實力堅強的力士全都是由大名供養，譬如像谷風屬於仙台藩、小野川屬於久留藩、雷電屬於松江藩，他們從各藩領取俸祿，為各藩的名譽拚命。

土俵進場遊行吸引大批觀眾

初期的大相撲競賽只要求選手打倒對方，賽場裡並沒有土俵（競賽擂台）。但是在群眾環繞中進行打鬥，實在非常危險，所以大約是在元祿年間（一六八八～一七〇四年）之前，相撲賽場就開始使用土俵作為專用的競賽場地。自從闢出這種專用擂台之後，相撲競技花樣變得更多采，迷你力士推倒巨無霸力士的機會大增，觀眾也比從前更愛看相撲比賽。

值得一提的是，江戶時代地位最高的力士並不是橫綱，而是大關，橫綱在當時只是名譽頭銜。

谷風梶之助與小野川喜三郎

谷風（左）是實力堅強的力士（相撲選手），他在二十七年之間參加七十次比賽，只輸過二十次。小野川是谷風的強勁對手，深受觀眾喜愛。春章〈小野川喜三郎・谷風梶之助・行事木村庄之助〉（山口縣立荻美術館・浦上紀念館）

滿場觀眾圍繞下進行勸進相撲

江戶時代的相撲比賽每年春、冬兩季共舉辦兩場，分別挑選天晴的日子進行十天。明治時代，國輝〈勸進大相撲繁榮之圖〉（國立國會圖書館）

江戶軼聞　現代相撲比賽的番付表（出賽力士的排名表）正中央寫著「蒙御免」三個字，這是江戶時代留下的慣例，表示競賽活動是得到寺社奉行許可的勸進相撲。

武士庶民都對園藝有興趣！最受歡迎的植物是什麼？

江戶的庶民都很喜歡朝顏（牽牛花），因為這種植物在小巷裡可以存活，種起來也不費事。每年的夏季，挑著朝顏叫賣的小販就會出現在江戶街頭。除了朝顏之外，山茶花、菊花、萬年青也是庶民喜愛的植物。稀有品種的植物甚至還成為炒作牟利的對象。

江戶時代的俳人加賀千代女曾寫過一首俳句：「朝顏花藤捲吊桶，無奈向人求水去。」詩句的含意頗為風雅，大意是說，早晨起來，發現朝顏的花藤捲住了水桶，無法去取井水，只好向鄰居要點水來洗臉。

江戶庶民的生活非常質樸，園藝則是大家增添生活情趣的嗜好。各種園藝植物中，以朝顏最受江戶子的青睞，每年到了夏天，大街小巷都能聽到小販兜售朝顏的叫賣聲，這種景象也是江戶特有的夏日風物詩。

朝顏最初只是種在小巷裡供人觀賞，到了文化年間（一八〇四～一八一八年），由於品種改良技術精進，市面上出現了花瓣或葉片變異的特別品種，並掀起培養稀有品種的熱潮，各地還爭相舉辦稀有品種品評會。據說當時熱中培養珍奇朝顏的不僅是植木屋（花匠）之類專業人士，就連下級武士也趁機賺些零用錢補貼生活。江戶市內熱中栽培朝顏的地區最初只在御徒町周圍，後來移至入谷附近。直到現在，入谷地區每年七月仍會定期舉辦朝顏花市。

隨時代而改變的熱門品種

江戶時代受歡迎的園藝品種除了朝顏之外，還有很多其

盆栽的玩具繪

玩具繪是一種孩童玩具，為了讓孩子邊玩邊記住物品的名稱而繪製的浮世繪。這幅畫裡全是當時的各種盆栽。芳虎〈新板植木大全〉（國立國會圖書館）

他的植物，每個時代都有各自流行的熱門植物，譬如像寬永的山茶花、元祿的杜鵑花、享保的菊花、文化的朝顏、文政的萬年青等。熱門植物經常變成投機牟利的對象，幕府甚至在一七九八年（寬政十年）頒布禁令，禁止利用稀有植物盆栽進行高價交易。但這項禁令並沒有澆熄江戶子對園藝的熱愛。

當時很多植木屋住在巢鴨・染井的附近地區，所以這裡自然成了栽培中心。另外，一般寺院也在緣日（跟寺院供奉的神明有關的日子）舉辦露天花市，販賣盆花或盆栽，所以庶民很容易買到植物，享受種花蒔草的樂趣。

染井的植木屋

染井村周圍地區住著很多植木屋（花匠），當地街頭景象有點像現代的園藝中心。楊州周延〈江戶風俗十二個月之內　九月　染井造菊之元祖〉（國立國會圖書館）

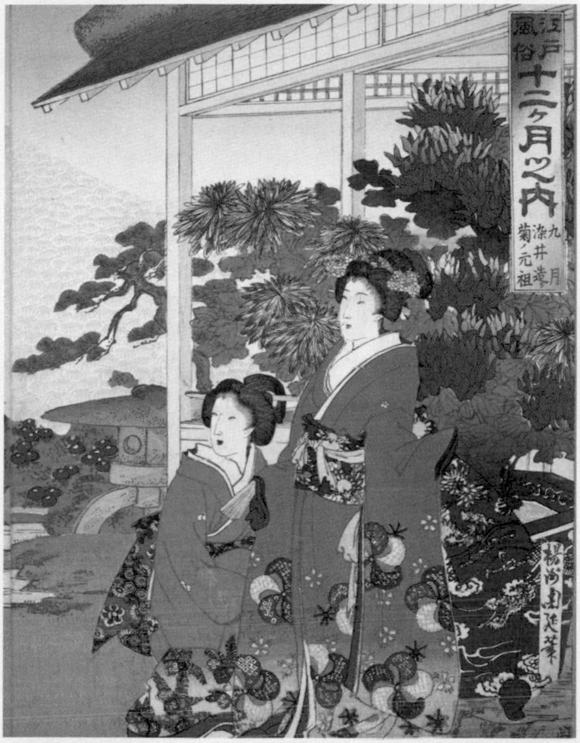

這三張畫收藏在一八五四年（安政元年）出版的朝顏（牽牛花）專門書裡，書中介紹了變換多采的各種朝顏。雪齋〈朝顏三十六花撰〉（國立國會圖書館）

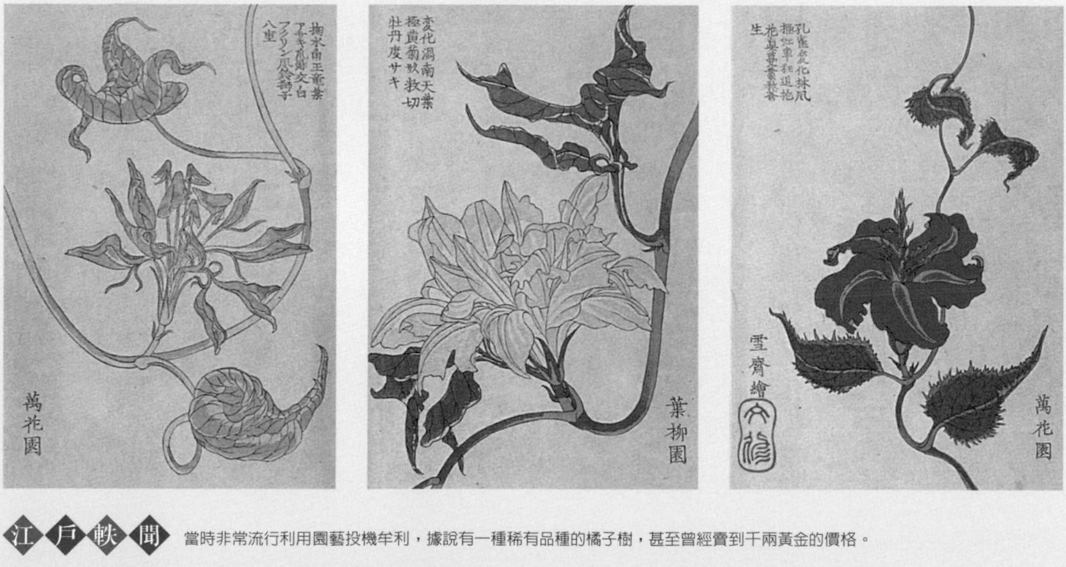

江戶軼聞　當時非常流行利用園藝投機牟利，據說有一種稀有品種的橘子樹，甚至曾經賣到千兩黃金的價格。

寵物給江戶子帶來心靈慰藉。哪些寵物受歡迎？

江戶子喜歡的寵物是會捉老鼠的貓兒。上流階級喜歡養狆犬，但江戶庶民卻對狗兒沒有興趣。除了貓兒以外，江戶人還喜歡養小鳥、金魚和昆蟲。

江戶庶民跟現代人一樣也喜歡飼養寵物，從這項事實可以看出，江戶人不但懂得從生活中尋找樂趣，心裡也總是充滿餘裕。

現代人最喜歡飼養的寵物不是貓就是狗，但江戶人的寵物卻以貓兒佔絕大多數。理由倒不是因為貓兒可愛，而是從實用性著眼，因為貓會抓老鼠。而另一方面，狗因為會看門，算是一種珍貴的寵物，但因為戶外野狗太多令人害怕，而且當時也沒有防止狂犬病的對策，所以江戶人對狗抱著敬而遠之的態度。不過，據說當時也有人專門飼養「食用犬」，也就是說，是為了吃狗肉才養狗的。另外還有一種小型狆犬，是上流階層和青樓女子視為珍貴品種的賞玩犬。

當時已有金魚品評會

江戶子也很喜歡飼養小鳥。在各種鳥類中，有所謂的三種名鳥：樹鶯、日本歌鴝、琉璃鳥。除了這三種鳥之外，鵪鶉也很受歡迎。叫聲好聽的樹鶯跟鵪鶉都能賣到極高的價錢，甚至還有人舉辦鳥鳴競賽大會。樹鶯的糞在當時是一種化妝品，可以用來美容。

鳴聲頗受歡迎的鵪鶉

江戶中期左右，庶民覺得鵪鶉的叫聲好聽，掀起一陣飼養鵪鶉的風潮。嵩岳堂〈生寫四十八鷹　鵪鶉與夢幻草〉

深受上流階級喜愛的狆

狆是上流階級喜愛的寵物犬，就連將軍的後宮「大奧」也流行飼養這種小狗。楊州周延〈千代田大奧　狆犬嬉戲〉（國立國會圖書館）

國貞當時沒有玻璃，因此金魚養在石製水槽中觀賞。國貞〈阿都滿源氏見立五節句〉（國立國會圖書館）

夏季有金魚小販，秋季有秋蟲小販，一年四季的街頭景象彷彿在上演一首風物詩。賣金魚的小販挑著扁擔沿途叫賣，庶民從金魚攤上挑選中意的種類飼養。據說當時已有金魚的品評會，鑑賞人員根據金魚尾巴的形狀評分，這也證明江戶人多麼熱中於飼養金魚。

賣秋蟲的小販把各種叫聲悅耳的昆蟲放在攤子上展示，譬如像鈴蟲、松蟲、螽斯、紡織娘等。秋天裡，喜歡風雅的江戶子最理想的生活，大概就是每天黃昏開始豎起耳朵傾聽蟲鳴吧。

飼養寵物的熱潮掀起後，江戶的鳥獸商也越來越多，這種現象不僅反映出庶民熱愛寵物，也證明江戶時代是個太平盛世。

在攤子上販售蟲的小販，一到秋天就出現。

江戶軼聞　五代將軍綱吉頒布「生類憐憫令」，命令人民必須愛護動物，一般家庭只好把家裡飼養的金魚都倒進池塘放生。

第三章內容檢測題

讀完第三章之後，你對江戶
是否更了解呢？請回答下
面的試題，確認一下吧。

問題

❶ 江戶時代，庶民逐漸養成賞櫻的習俗，將軍（①）在飛鳥山、隅田堤等地廣植櫻花，建成許多賞櫻的著名景點。

❷ 江戶各地分別舉辦祭典，其中特准遊行行列進入江戶城樓的祭典有兩項，也就是號稱「天下祭」的山王祭和（②）。

❸ 江戶的庶民掀起了旅遊熱，最先燃起這股熱潮的是十返舍一九的小說《（③）》。

❹ 吉原曾是江戶男性憧憬的地方。但因為收費高昂，規矩又多，所以一般庶民比較喜歡到各地的（④），玩起來心情輕鬆愉快。

❺ 富籤是幕府公認的彩票遊戲。其中又以感應寺、目黑不動、（⑤）發行的富籤並稱為「江戶三富」。

❻ 江戶後期是浮世繪的黃金時代，許多著名繪師陸續登場。其中有一位廣受大眾喜愛的風景畫家，曾經畫過「東海道五十三次」系列作品，這位畫家是（⑥）。

❼ 歌舞伎是江戶庶民喜愛的娛樂。歌舞伎演員受到觀眾的熱烈支持，其中最搶手的演員被稱為（⑦）。

❽ 寄席曾在江戶庶民之間掀起爆發性熱潮。幕府末期，號稱近代落語創始者的（⑧）受到廣大觀眾熱愛。

❾ 大相撲號稱是江戶三大娛樂之一。當時曾經出現過很多勇猛力士，而出賽選手中排名最高的是（⑨）。

❿ 江戶子對園藝很感興趣，但隨著時代變遷，江戶子喜歡的熱門植物經常改變。特別是文化年間曾經風行一時的（⑩）。

解答

【1】德川吉宗【2】神田祭【3】東海道中膝栗毛【4】岡場所【5】湯島天神【6】歌川廣重【7】千兩役者【8】三遊亭圓朝【9】大關【10】朝顏

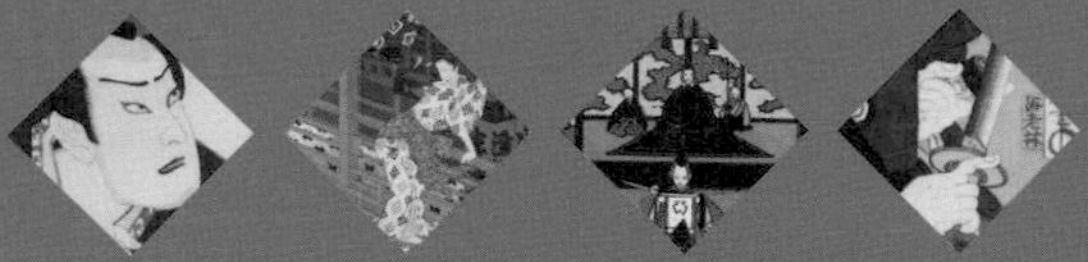

第4章

江戶的武家生活

江戶的居民當中半數都是武士。
武家土地大約佔了江戶全部土地的七成。
所以說，江戶是個名符其實的「武士城市」。
然而，從大名到下級武士，雖然都是武士，實際生活卻是千差萬別。
這些住在江戶的武士都過著怎樣的生活呢？

江戶城
49

幕府權威的象徵！大城樓．江戶城究竟有多大？

江戶城樓的佔地包括外郭（外城郭）在內，總面積超過兩百三十萬平方公尺。範圍相當於今天東京的千代田區與其周邊地帶。外城郭周圍的外壕（護城河）是利用隅田川等現有河流挖鑿而成。

今天日本天皇居住的皇居，是從前的江戶城樓中心部分，也就是所謂的內郭（內城郭）部分。而江戶城樓的總面積除了內郭，還要加上外郭，實在非常廣闊。其中內郭佔地約一百萬平方公尺，加上外郭的話，總面積高達兩百三十萬平方公尺。事實上，這塊土地不僅涵蓋今天的整個千代田區，還分別佔據中央區、港區一半以上面積，甚至連新宿區、文京區的部分地區也是。毫無疑問，江戶城樓是全國最大的巨型城樓，對於日本統治者德川家族來說，江戶城樓完全具備了將軍居城的宏偉規模。

一六〇三年（慶長八年），德川家康受封為征夷大將軍之後，在江戶開設幕府，並在江戶城樓內進行大規模擴建工程。

家康計畫建造一座包括五層天守閣在內的巨大城郭。家康去世後，繼任者秀忠和家光繼承遺志，繼續進行修建任務，直到三十多年後的一六三六年（寬永十三年），才算全部竣工。

天守閣

正德年間（一七一一到一七一五年）繪製的天守閣重建計畫圖。但因所需經費過鉅，後來並沒有重建。〈江戶御城御殿守横面之圖〉（東京都立中央圖書館特別文庫室）

燒毀的天守閣

江戶城樓的內郭包括本丸、西之丸、二之丸、三之丸等

幕府末期的江戶城

英國攝影師費利斯·比特（Felice Beato）鏡頭下的幕府末期江戶城。（橫濱開港資料館）

四個部分，本丸是將軍生活居住的城堡，由本丸御殿與天守閣構成，本丸御殿裡面又分「表」、「中奧」、「大奧」三個部分。一六五七年，發生明曆大火，火勢延燒至江戶城樓，把天守閣全部燒毀，剩天守台留存至今。一八六三年（文久三年），另一場大火又把本丸燒光，直到現在都沒有重建。

江戶城樓的外郭被隅田川等河流鑿成的人工護城河團團圍住，按照計畫區劃為武家屋敷、寺社區、町人區等部分。

內郭與外郭的城牆分別建造了許多城門，其中的大手門，可說是江戶城樓的正面玄關。其他的城門總數統稱為「三十六見附」，但實際的總數比三十六更多。據說幕府末期江戶總數居然多達九十二道。很多當時的城門名稱後來被用來當作地名，甚至一直沿用到現在，譬如像半藏門、赤坂見附等。

江・戶・漫・步

大手門

千代田區皇居東御苑

從前的江戶城正門，大名或旗本在威武的儀隊引導下進入城樓謁見將軍時，就是經過這道門。城門外型呈美麗的枡形（傳統度量單位的一升木盒）。當時配置守衛城門的警備森嚴，武器配備包括三十把長銃，十把弓箭，二十把長槍，持槍衛隊兩組，以上警衛任務全由年俸十萬石以上的譜代大名（跟幕府關係親密的藩主）負責。

江戶軼聞 「見附」原本是守衛之意，後來被當做「城門」的代稱。

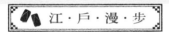

德川將軍家前後延續十五代。歷代將軍是怎樣的人物？

德川家歷代將軍共十五人，每位將軍執政時採取的政策與當時的世態，都反映出將軍的性格與政治資質。

江戶幕府的將軍從初代家康到慶喜，總共十五位。將軍的職位基本採取世襲制，如果沒有子嗣，就從有血緣關係的旁系家族挑選養子繼任。譬如像七代將軍家繼，四歲時就坐上將軍的寶座。但可惜的是，八歲夭折，所以八代將軍是從家康的孫輩裡挑選了紀州藩主德川光貞的三男吉宗繼任。

德川家族裡，各支為了繼任人選曾經發生過不少政爭。

譬如像三代將軍家光，他是秀忠的次男，據說幼時體弱多病，頭腦愚鈍，而他還有個小他兩歲的弟弟國千代，國千代性格開朗又喜歡出風頭，加上他的生母御江與整天在秀忠面前說他的好話，所以秀忠打算讓國千代做自己的繼承者。不料家光的乳母阿福（春日局）直接到駿府去向退位的家康陳情，最後家康獨排眾議，家光才能登上將軍寶座。

世態反映將軍的性格

江戶幕府的十五代將軍裡面，有些人親自執掌政務，有些人卻整天玩樂，把所有的工作都推給家臣處理。譬如像九代將軍家重就是典型的例子，他整日沉溺酒色，不理政務，使幕府綱紀廢弛。再如十一代將軍家齊，總共娶了四十多名側室，奢靡的生活給幕府財政帶來通貨膨脹與鉅額赤字，並使幕府陷入危機。

值得一提的是，我們觀察江戶的社會現象時，如果同時參考十五位將軍的性格，就會發現很有趣的事，因為每位將軍的性格都能在當時的世態裡反映出來。

最後的將軍・慶喜

這張照片拍攝於一八六四～一八六六年之間。幕府與倒幕派進行激烈鬥爭之後，慶喜做出「大政奉還」的決定。〈德川慶喜肖像寫真〉（茨城縣立歷史館）

德川歷代將軍

	名前	在位期間	主要事績
初代	德川家康	1603（慶長8）～1605（慶長10）	受封為征夷大將軍之後，在江戶開設幕府，全力進行基礎建設，其中包括：開發城下町，興建五街道，開闢新興農地等，為德川家三百年政權打下基礎。家康擔任將軍兩年後，把將軍的位子讓給了兒子秀忠。
2代	德川秀忠	1605（慶長10）～1623（元和9）	秀忠是家康的三男。他承襲父親家康的方針，進行官制改革，完成鎖國體制，全力築成德川政權的基礎。
3代	德川家光	1623（元和9）～1651（慶安4）	家光是秀忠的次男。在位期間確立了管理武士家族的各種規定、官制、兵制、參勤交代等各種制度，將家康當成神明奉祀，重新修建奢華絢爛的日光東照宮。
4代	德川家綱	1651（慶安4）～1680（延宝8）	家光去世後，年僅十一歲的家綱繼位將軍。據說他生性賢明，但因為體弱多病，性格內向溫和，政務全都交給老臣處理。
5代	德川綱吉	1680（延宝8）～1709（宝永6）	家光的四男。他當將軍的時候創造了江戶時代最繁華的元祿時期。綱吉傾向採取文治主義，企圖振興各種學科研究。他的有名事蹟是頒布了「生類憐憫令」。
6代	德川家宣	1709（宝永6）～1712（正德2）	家光的孫子。由於綱吉沒有兒子，便由家宣繼任將軍。他啟用自己信任的新井白石，企圖在政治上能有一番作為。
7代	德川家繼	1713（正德3）～1716（享保元）	家宣的三男，四歲時繼任將軍，八歲夭折，在位僅三年。家繼亡後，將軍家的正統血脈從此斷絕了。
8代	德川吉宗	1716（享保元）～1745（延享2）	吉宗是紀州藩主德川光貞的三男，由於家繼早夭，吉宗以將軍家的養子身分繼任將軍。吉宗即位後，元祿的泡沫經濟瀕臨破滅，全國處於不景氣的狀態，吉宗大膽任命水野忠之擔任勝手掛老中，斷然進行享保改革。
9代	德川家重	1745（延享2）～1760（寶曆10）	家重是個喜愛酒色的平庸之輩，同時還患有語言障礙的毛病，吉宗便以大御所（退位將軍）的身分擔任監護人，代理一切政務。家重時代的德川幕府綱紀鬆懈，政風越發頹廢。
10代	德川家治	1760（寶曆10）～1786（天明6）	家治繼位後努力進行政治改革，重用自己信任的田沼意次負責政務，但卻遭到各種挫折。田沼治理下的幕府官員經常公然行賄。不久，淺間山火山爆發，國內發生饑荒，各處常有暴民燒殺搶奪。
11代	德川家齊	1787（天明7）～1837（天保8）	家齊繼位將軍後，趕走了田沼意次，改任松平定信為老中首席，著手進行寬政改革。但定信不久被迫辭職，改革最後以失敗告終，家齊雖想重整政局，可惜幕府官員早已奢華成風，終於致使幕府財政也陷入危機。
12代	德川家慶	1837（天保8）～1853（嘉永6）	家慶繼位後，為了安定幕府政局，重用水野忠邦，斷然進行天保改革，但外國勢力的壓力使幕府感到十分頭痛。一八五三年美國海軍將領培里率領艦隊駛入江戶。
13代	德川家定	1853（嘉永6）～1858（安政5）	一八五四年日美締結和親條約。但這類以對外關係為主的緊急狀況，家定卻沒有能力處理。
14代	德川家茂	1858（安政5）～1866（慶應2）	幕府企圖以「公武合體運動」加強本身的權力與地位。「公」指朝廷，「武」指幕府，這項運動的目的結合朝廷的權威，壓制逐漸興起的尊皇攘夷運動，以免幕府倒台。所以家茂娶了仁孝天皇的皇女和宮為妻，但攘夷運動卻越演越烈，幕府處於進退失守的地位，家茂在領軍征討長州的戰場上病逝。
15代	德川慶喜	1866（慶應2）～1867（慶應3）	慶喜是水戶藩主德川齊昭的七男。一八六二年開始擔任家茂的攝政助理，家茂去世後，慶喜繼任將軍，宣稱將要「重振東照宮」，著手推行府政改革。然而大勢已定，慶喜於一八六七年將政權歸還天皇，史稱「大政奉還」。

江戶軼聞 江戶時代在位時間最短的是七代將軍家繼，前後只有三年，最長的是十一代將軍家齊，總共長達五十年。

將軍的工作時間，真的比休閒時間更短？

將軍的一天從早上六點起床開始，晚上十一點就寢，漫長的一天，就跟現代上班族的生活一樣。不過，將軍每天工作時間只有兩三小時，其他時間都花費在休閒嗜好或私人事務上。

現代的首相每天工作都十分忙碌，從早到晚的行程幾乎都是用分鐘來計算的。或許有人會認為江戶的將軍也跟現代的首相一樣忙碌，但令人意外的是，將軍每天的私人時間，倒是非常多呢。

就讓我們一起來看看，在正常狀況下，將軍的一天都在做什麼。如果換算成現代的時間，將軍通常是在早上六點起床。守候在旁的侍僮看到將軍醒來，便一面高喊「已經醒了」，一面向城內的相關人員通報。將軍起身之後，數名侍僮連忙伺候將軍洗臉、漱口、刮臉，刮月代。

早餐是八點，三菜一湯的餐點十分簡素，早餐不喝茶，只喝些白開水。將軍吃早餐的時候，專門負責梳頭的侍僮或貼身侍衛過來幫將軍梳頭。餐後會進行健康檢查。九點進入大奧。將軍每天必定要進入佛堂向歷代將軍的牌位膜拜。

將軍的每日行程

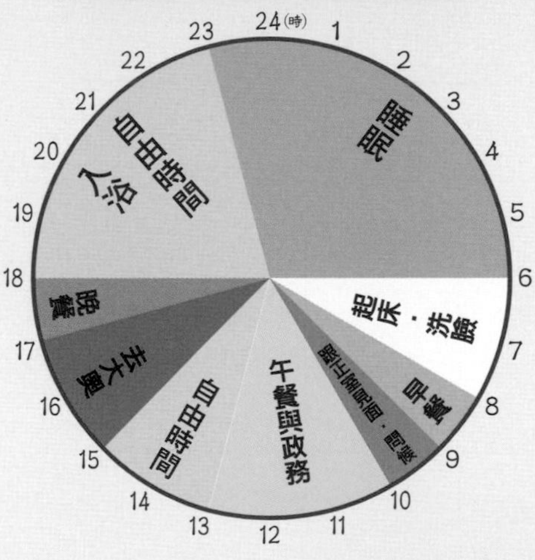

私人時間全都用來玩樂

十點跟正室見面，互相問候，然後進入「御座之間」執行政務。主要工作是聽取老中的請示後做出裁決。十一點左右吃午餐，餐後繼續執行政務。老中的下班時間很早，大約下午一點多就離開城樓，之後的時間完全屬於將軍的自由時間。所以說，將軍每天真正工作的時間非常短，只有兩三小時。

十代將軍家治喜歡獵鷹。歷代將軍當中，很多人都喜歡獵鷹，直到一八六六年（慶應二年）為止，將軍專用的鷹場一直都有人負責打點維護。
芳藤〈德川十五代記略十代將軍家治公獵鷹之圖〉（東京都立中央圖書館特別文庫室）

時而已。

私人時間有時會安排儒學講座，不過大部分時間都是按照自己的喜好安排活動，譬如像讀書、劍術、書畫、歌謠等。

下午三點，天色還很亮，將軍已經返回大奧。只要不是政務繁忙的時期，接下來的時間任憑將軍自由活動。下午五點吃晚餐，飯菜基本上都很簡素，只比早飯、午飯多幾樣菜餚而已。

下午六點入浴，之後還是自由時間，直到晚上十一點就寢。總之，不論是否喜歡，將軍每天都擁有大把大把屬於自己的時間。因此，江戶時代也有很多將軍能把全副精神都投入自己的嗜好。

譬如八代將軍吉宗喜歡獵鷹，十二代將軍家慶喜歡舞蹈，十四代將軍家茂喜歡騎馬等。其中還有像十代將軍家治那樣擁有特殊才能的人物，據說家治能畫一手媲美職業畫家的好畫。

江戶祕話

採購最高級食材的「御用役人」

將軍的三餐基本都吃得很樸素，不過食材當然都得挑選最高級的。負責選購食材的「御用役人」每天都到魚市場或青果市場進行任務，只要發現上好材料，立刻大喊一聲「御用！」，就能以低廉的價格購入。據說御用役人對食物的烹調方式也進行嚴格檢查，譬如說，每條魚只能切成一兩塊魚片，煮飯的白米要勞動好幾個人一粒一粒細細檢查。

 江戶軼聞 據說將軍每頓的飯菜都會準備十人份，其中兩份用來試毒。也因此，每頓都會剩下大量飯菜，最後全都被女中拿去吃掉。

52

沒想到這麼麻煩!?
大名的義務——登城是怎麼回事？

駐守在江戶的大名定期前往江戶城樓晉見將軍叫做登城，幕府規定大名每年登城三十次左右，這也是大名的義務。大名進入城樓後不需做什麼，只需接受將軍檢閱而已，但因為在將軍面前要遵守許多繁文縟節，所以大名對登城都感到很頭痛。

駐守江戶的大名每年大約需要登城三十次左右，其中包括每月一次的「月次御禮」、新年的賀年儀式，還有五節句等。大名進城之後做些什麼呢？其實只是向將軍和他的繼承人請安問候，目的就是表達忠誠而已。

大名每年登城的次數不算太多，但需要遵守的規矩與細節非常繁瑣，不免令人退縮。

譬如登城的日期、服裝、隨員人數等，都根據大名出身的門第高低而定。以元旦賀年儀式來說，位階在三位（相當於三品）以上的大名服裝規定為「直垂」，四位的穿「狩衣」，五位穿「大紋」等，如果穿錯服裝，就會受到嚴厲斥責。

登城之後，根據出身門第與俸祿的等級，大名被分別帶到不同的房間等候晉謁。這規定得非常繁細，甚至連坐在哪一塊榻榻米，都會事先指示。據說有些大名為了坐到更前面，還會私下競相拉攏幕府的閣僚。

大名行列的觀眾

大名坐在木桶裡，被人抬進江戶城，路旁看熱鬧的觀眾都指著他發出笑聲。芳年〈新撰東錦繪　大久保彥左衛門盥登城之圖〉（國立國會圖書館）

大名進入江戶城樓謁見將軍時，就算是狂風暴雨的天氣，家來也是得在城門外等候很長的時間。楊州周延〈溫故東之花舊正月元旦諸侯初登城之圖〉（國立國會圖書館）

每位大名都帶領眾多家來隨侍在側，大名晉見將軍時，這些家來就在城門前面等候。據說綱紀廢弛的幕府末期，這些家來在城樓門外喝酒、打瞌睡，一點規矩都沒有。

大名行列變成熱門風景

每次到了登城那天，路邊擠滿看熱鬧的群眾，人人都想看一眼大名是什麼模樣。路邊也排滿販賣甜酒之類的小攤子，以及提供飲食的立食店，趁機大賺一筆。

據說當時看熱鬧的群眾幾乎人手一本《武鑑》，裡面記載著全國大名的資料。江戶子一面參考資料，一面對大名行列（大名的隨從隊伍）品頭論足。對江戶子來說，觀看表情嚴肅的大名行列似乎是非常有趣的事。因為不論風雨交加或是大雪紛飛，看到那些大名不能不在規定的日子登城，江戶子就會覺得自己的日子過得比他們快活多了。

芳年〈德川十五代記略　家光公賜予諸藩主佩刀圖〉（東京都立中央圖書館特別文庫室）

 大名下轎的地方叫做「下馬」，由於這個地點總是擠滿看熱鬧的人群，所以後來才有了「下馬評」（流言蜚語之意）這個名詞。

充滿權謀的女人世界！哪些女性住在大奧？

大奧裡面除了將軍的正室、側室之外，還有大約五百名奧女中在此生活。奧女中大多出身町人家庭，為了進入憧憬的大奧，她們通常都要費盡心血找人關說，才可能進入大奧工作。

大奧位於江戶城樓的本丸，除了被稱為「御台所」的將軍正室，還有側室跟將軍的子女都在這裡生活。

據推測，伺候將軍跟御台所的女中加起來，大約有五百多人。除了將軍和將軍之子外，大奧嚴禁男性闖入。

對町家的女兒來說，進入大奧伺候將軍或御台所，是夢寐以求的夙願。女中的甄選考試叫做「目見」，通常只需找人介紹或關說一下，就有資格進入考場，但是考試頗難，除了要能讀書寫字之外，還必須具備三味線、長唄等歌舞樂曲的素養。據說在某次「目見」甄選，參加考試的一百五十多人，只有十三人通過。

晉升側室就算出人頭地

成為奧女中之後，就不能隨意離開江戶城樓了。奧女中想要回鄉探親，必須工作滿三年之後，才能休假六天；滿六年之後，才能休假十二天。而且必須整天跟同事在同一個空間裡一起生活，不僅如此，位階較低的奧女中還必須跟同僚共用房間，可以想見，奧女中之間的人際關係必定是非常緊張的。

大奧裡的晉升

這幅畫裡描繪了大奧的女人從最低等的雜工爬到將軍側室的過程。
國貞〈奥奉公出世雙六〉（國立國會圖書館）

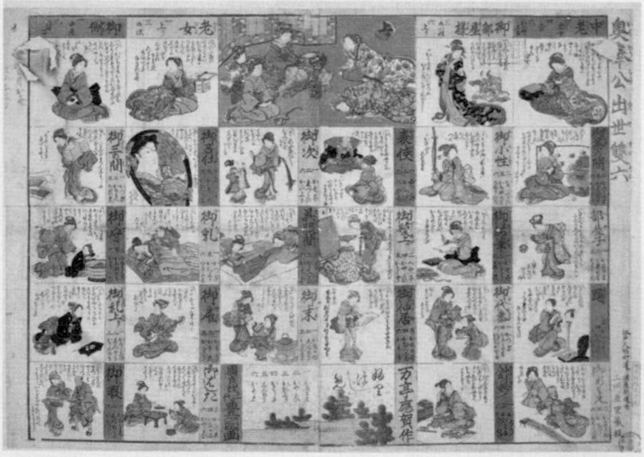

彈箏的女中

派往武士家族服務的女孩必須具備歌舞音樂的技能。楊州周延〈千代田大奧　猿若狂言〉（國立國會圖書館）

奧女中的工作大致分兩類：「御側系」負責伺候主人日常生活、「役人系」負責處理一般事務。將軍的側室都是從御側系的奧女中當中挑選出來的，雖然被選中的機會並不大，但是對奧女中來說，一旦被選為側室，可就是光耀門楣，出人頭地的大喜事呢。

另一種晉升途徑則是努力熬到「御年寄」的位置，就可手握大奧的大權。不過，真正升上這個位置的奧女中屈指可數。奧女中一輩子都得留在大奧伺候主人，主人去世後就削髮為尼，長伴青燈。不過如果她們想以生病之類的理由辭職，還是會被批准的。

江戶祕話

繪島生島事件

繪島是大奧裡地位頗高的資深女中，有一次，她代表將軍到增上寺參拜後，順道又跟其他的奧女中到山村座看戲，舞台上的主角是英俊美貌的生島新五郎。看完表演，繪島還把生島召來歡聚，因而錯過了江戶城關門的時限。這件事後來被傳成是「繪島與生島私下幽會」，進而演變為一大醜聞。繪島後來被判流刑，逐出江戶城，她的親戚和當時一起去看戲的女中等，總共約一千五百人，全都受到懲罰。繪島的哥哥出身旗本，更受到嚴厲的處罰，被判了死刑。

芳年〈新撰東錦繪　生島新五郎之話〉
（國立國會圖書館）

江戶軼聞

一般人都認為繪島與生島之間並沒有私通的事實，但因為這個事件在當時鬧得太大，所以最後連「山村座」都受到牽連，不得不關門大吉。

武家屋敷 54

與庶民天壤之別!? 駐守江戶的大名住在怎樣的屋敷裡？

每位大名在江戶都能被封到幾塊土地，好讓他們建造「上屋敷」、「中屋敷」、「下屋敷」。屋敷的面積是根據每位大名的俸祿等條件而定。

江戶的人口大約是町人與武士各半，但居住區面積卻相差很遠，武家土地約佔七成，町人土地只佔三成。

許多大名在江戶擁有三座大名屋敷（豪邸），分別叫做「上屋敷」、「中屋敷」、「下屋敷」。離江戶城樓最近的府邸稱為「上屋敷」，這裡是藩主的住所，也是各藩進行外交等活動的江戶事務所；距離江戶城樓稍遠的宅邸叫做「中屋敷」，藩主的家屬都住在這裡；「下屋敷」則是距離江戶城樓最遠的宅邸，但這座住宅的面積最寬敞，而且庭園裡建有人工山水，等於是大名的別墅吧。

當時各藩的大名競相攀比，都希望自己的屋敷造得比別人更奢華。一六三五年（寬永十二年），幕府頒布「武家諸法度」，禁止崇尚奢華。一六五七年明曆大火，燒毀大部分的建築，從此以後，大名屋敷一改往日作風，開始採取比較質樸的建築風格。

幕府末期的武家屋敷

畫面右方是位於芝高輪的薩摩藩島津家下屋敷，眾所周知，這裡也是西鄉隆盛跟勝海舟商討幕府退出江戶城細節的會談場所。左方是久留米藩有馬家下屋敷，以及豐前中津藩奧平家下屋敷。比特攝影（橫濱開港資料館 ）

霞關的武家屋敷

畫中可以看到許多武家屋敷比鄰而立。廣重〈東都名所　霞關全圖〉（神奈川縣立歷史博物館）

屋敷的大小按照俸祿決定

大名屋敷的面積基準大致如下：一萬石的大名為兩千五百坪，十萬石以上的大名為七千坪，一百石以下的御家人則是兩百坪。如此寬敞的面積跟庶民的住宅比起來，簡直是天壤之別。

這些土地廣闊的武家屋敷遺址現在大多已改建為大型公共設施，譬如像六本木新城，原本是府中毛利家的下屋敷，東京中城則是毛利家的下屋敷，還有惠比壽花園原本是佐野堀田家的下屋敷。

另外像小石川後樂園，原本是水戶家的上屋敷，現已改建為一座以池塘為主的迴遊式假山噴泉庭園。大家現在只要在東京市內隨意逛逛，仍然能夠發現很多充滿武家屋敷氣息的歷史遺跡。

江・戸・漫・步

東大赤門

文京區本鄉 7-3-1

東京大學校園用地從前原是加賀藩前田家上屋敷。東大的象徵赤門，是十一代將軍家齊的女兒嫁進前田家的時候建造的。

江戸軼聞　赤坂見附車站附近有個地方叫做「紀尾井町」，因為紀井德川家、尾張德川家和井伊家的上屋敷從前建在這裡，所以從這三家的名稱裡各取一字，取名叫做「紀尾井町」。

武士的種類非常多——哪些武士住在江戶？

江戶的武士大致包括將軍的直屬家臣與各藩派駐江戶的藩士，而將軍的直屬家臣又分旗本與御家人兩類。

江戶的人口約有半數都是武士。不過武士又分等級，各自擁有不同的身分與地位。

地位比較高的是將軍的直屬家臣，其中又分為：旗本與御家人。旗本是年俸不滿一萬石的將軍幕僚，也是「御目見」以上的武士，有資格面謁將軍。而年俸不滿一萬石又沒有資格面謁將軍的武士則稱為御家人。

另外一種武士是由各藩派駐在江戶的家臣。當時因為實施「參勤交代」制，所有大名每隔一段時間，都必須在江戶長住，所以各藩都在江戶擁有幾座大名屋敷。派駐在大名屋敷的家臣，叫做「江戶勤番」，任務分為兩類，一類是從各藩跟隨大名前來江戶，然後再陪伴大名返回各藩，另一類則長期留守江戶從事各項必要的工作。

被譏爲「淺黃裏」的武士

換句話說，從事第二類任務的武士相當於現代的單身赴任上班族。由於家鄉親人也必須靠他們提供生活費，所以在江戶就不能隨意花錢。儘管如此，江戶還是有不少地方可供他們玩樂散心。

這些生長在各地的武士說起話來鄉音很重，再加上大多數都喜歡穿淺黃棉布襯裡的和服，所以經常被江戶人譏為「淺黃裏」。事實上，淺黃棉布是堅固耐用的布料，不過江戶子卻視為鄉下人的象徵。

這些來自全國各地的武士雖然位居士族，但是面對瀟灑脫俗的江戶子，也不免產生相形見絀的情結。事實上，大約從江戶中期以後，商人階級就已抬頭，走在路上也比這些士族更意氣風發，昂首闊步。

假設太平盛世再度降臨，或許武士的素質也能有所提升吧。但在江戶時代，幕府只要求武士具備行政官僚的能力，用現代的概念來比喻，這表示，武士已經變成了公務員。因為幕府當時制定了繁複的職制，凡是有能力的武士都能榮登要職，出人頭地。也就是說，江戶時代的武士已不能只靠武藝生存了。

江戶的主要職務編制（摘錄）

將軍

- **大老**：幕府地位最高的職務，名額只有一人，非常設。
- **老中**：總攬幕府政務。從譜代大名當中挑選。四～五人。
- **側用人**：將軍的親信，負責將軍與老中之間連絡事務。一人。
- **若年寄**：老中的輔佐人員，每月輪值制，三～五人。
- **奏者番**：大名或旗本晉謁將軍時負責安排細節的人物。二十～三十人。
- **寺社奉行**：負責管理寺院、神社的領地，掌控宗教事務。四～五人。
- **京都所司代**：負責掌控京都町奉行，監視西國大名。
- **大坂城代**：負責守衛大坂城，監視西國大名。

老中之下：

- 高家（掌管禮儀、典禮）
- 側衆（將軍身邊的侍衛，負責將軍與老中的聯繫工作）
- 留守居（將軍離開江戶城的時候負責城內的警備）
- 大番頭（負責統領「大番組」，直屬將軍管轄的軍隊叫做「大番組」）
- 大目付（負責監視大名的動向）
- 町奉行（掌管江戶市內的司法、行政）
- 作事奉行（負責江戶城樓外圍部分與哨站的修繕）
- 普請奉行（負責城內的土木工程）
- 勘定奉行（向幕僚徵收租稅，管理幕府財政）
- 旗奉行（管理幕府的馬印、軍旗）
- 留守居番（負責大奧的警備與庶務）
- 小普請組支配（管理無官職的旗本、御家人）
- 勘定吟味役（負責監察勘定奉行的工作）

若年寄之下：

- 書院番頭（管理將軍的親衛隊「書院番組」）
- 小姓組番頭（管理將軍外出時負責警衛的「小姓組」）
- 林大學頭（幕府文教政策的負責人）
- 小普請奉行（負責中小型工程）
- 目付（監視旗本、御家人）
- 百人組頭（指揮鐵砲隊）
- 天文方（負責編纂曆法）

※此外，還有很多其他職務

幕府職務編制的雙六

參加者走到最高職位的大老，就算得勝了。「雙六」的玩法類似大富翁，江戶庶民把幕府的職務編制也當成遊戲的道具。〈幕府昇進雙六〉（國立國會圖書館）

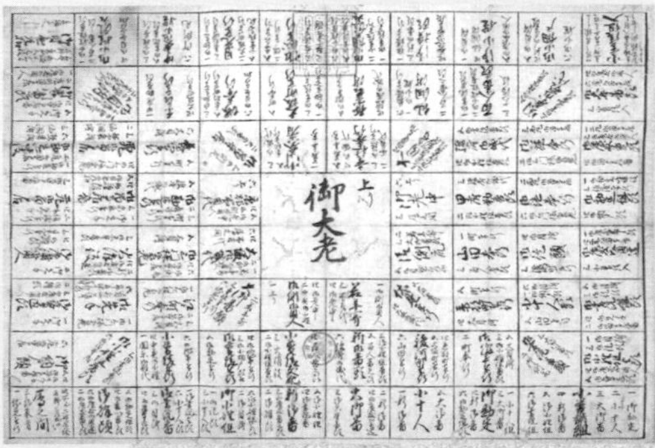

 江戶軼聞 參勤交代的遊行隊伍通常由一百五十人～三百人組成，但也有例外，譬如像加賀藩前田家就是四千人組成的大遊行隊伍。

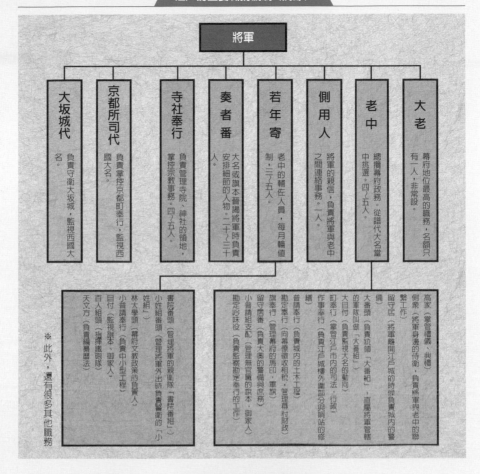

窮武士叼牙籤假裝吃飽——很多下級武士需要在家打工？

旗本與御家人的收入並不足以應付生活，很多人都需要在家做副業。最常見的副業就是在家種植朝顏或養殖金魚，然後拿到御徒町的市場去賣。

旗本雖有資格面謁將軍，但是靠這種級別的武士身分卻很難過上好日子。大多數旗本的俸祿都低於三百石，想要養家活口，還要養活根據俸祿分派的部下與馬匹，實在相當困難。御家人的收入比旗本更少，可見他們的生活一定更為艱辛。

這些下級武士熱心從事副業的理由，並非只是因為薪水太低，另一方面，也因為平時休假太多，每月只需上班兩三天，甚至還有些職種只需在家待機，實質上根本無事可做。

既然手裡缺錢，又有大把的時間，這些低俸祿的中下級武士為了餬口，當然只好努力經營副業。

養金魚，種朝顏

也有很多武士的副業做出了名聲，譬如御徒町（台東區）御徒士組的武士種植的朝顏和養殖的金魚。還有青山（港區）

武士們閒暇時喜歡喝得爛醉。三谷勝波方信〈江戶勤番繪卷〉（大川市立清力美術館）

下級武士專心從事副業

青山百人町的修傘匠

牛込弁天町的燈籠師

御徒町的牽牛花

甲賀組經營的糊傘業，大久保（新宿區）伊賀組種植的杜鵑花等。伊賀組原是忍者部隊。連忍者都得靠副業餬口，可見當時武士的生活確實不易啊。除了上述的幾種副業外，還有巢鴨（豐島區）的園丁業、代代木・千駄谷的鈴蟲與蟋蟀都很有名，此外，山手周圍也有武士養殖小鳥。

而這些下級武士感到最辛酸的，是他們生活已經非常拮据，還得維持起碼的排場。從這個角度來看，或許庶民的生活要比武士開心多了，因為庶民不必為了體面而打腫臉充胖子。

江戶軼聞 時代劇裡經常聽到的「三一侍」，這是對下級武士表達污蔑的用語，專指那些年俸只有現金三兩，白米一人扶持（一人扶持＝五俵＝三百公斤）的窮武士

治安惡化的主因！江戶城裡到處都是浪人？

江戶幕府開府之後，各地的大名相繼失勢，越來越多失去依靠的武士在短期內淪為浪人。據說三代將軍家光的時候，全國的浪人已多達五十萬人。浪人不僅成為治安惡化的主因，更有跡象顯示他們正在計畫顛覆幕府。

幕府最感棘手的問題之一就是浪人驟增。所謂的「浪人」，是指原本效力的藩主家因「改易」（削藩）而失去封地，被迫成為無業遊民的武士。江戶初期，由於各藩的大名陸續被迫交出封地，所以全國浪人的人數激增，據說家光主政時期已多達五十萬人。

另一方面，江戶城樓正在進行擴建，幕府號召全國各地出錢出人，各藩的財政支出大增，經濟狀況陷入困境，失業的浪人很難找到新差事。不過，先祖出過著名戰將的武士家族，或曾經立過戰功的浪人，還是可能受到其他藩屬的招聘，但這些都是極少的案例。大部分的浪人都只能自修醫道，教授武藝，或在家裡開設寺子屋。當然其中也有像松尾芭蕉、近松門左衛門之類，憑著自己的才能開創出一片新天地的浪人。

為數眾多的失業武士當中，能夠功成名就的畢竟是少數，絕大部分都淪為憤世嫉俗，濫用暴力的窮浪人，也給社會帶來極度不安。更糟糕的是，這些浪人都認為，只要到大都市去，就能找到餬口的方法，所以他們從各地湧向江戶與大坂。

浪人出身的名人

松尾芭蕉

江戶前期至中期的俳人（俳句詩人）。出生在武士之家，祖先是伊賀地方的土豪。最初跟隨俳人學者北村季吟學習俳諧詩，後來成為俳諧師，前往江戶，擔任神田上水的管理人員，並繼續創作詩作。曾發表《奧之細道》等作品。

近松門左衛門

江戶中期的歌舞伎狂言・淨琉璃作者。曾在後水尾天皇之弟一条惠觀身邊侍候，二十歲左右開始從事寫作，不久，名聲漸高，受邀擔任「竹本座」專屬作家，代表作有《曾根崎心中》、《出世景清》、《用明天皇職人鑑》等。

山鹿素行

江戶前期的儒學家。離開會津之後，前往江戶跟隨林羅山學習朱子學。又跟隨小幡景憲學習甲州流軍學，並成為山鹿流軍學創始者。之後，繼續鑽研學問，名聲日高，把自宅定名為「積德堂」，招收門人，講授兵學與儒學。

新井白石

江戶中期的儒學者、政治家。父親為久留里藩士，家道雖然貧困，卻努力鑽研學問。以浪人的身分成為甲府德川綱豐（即後來的六代將軍家宣）的儒臣。家宣繼任將軍後以幕僚身分輔佐將軍，後人認為他是近世首屈一指的學者。

以慶安事件為題材的「芝居繪」

幕府最初嚴禁一切有關慶安事件的出版品，但後來經由文藝與戲劇，民眾還是知道了這件事。國周〈樟紀流花見幕張〉（國立國會圖書館）

浪人暗中計畫推翻幕府

大部分浪人都對幕府懷抱反感，一六一四年（慶長十九年）與一六一五年（慶長二十年）連續發生大坂之亂，共有十萬浪人在大坂城集結，向幕府表達抗議。另一方面，許多農民也開始聚眾鬧事，致使治安更加惡化。

其中影響最大的一次活動，就是軍事家由井正雪發起的顛覆幕府計畫・慶安事件。

一六五一年（慶安四年），家光去世後不久，幕府正處於新舊政務交替時期，由井打出拯救浪人的旗幟，分別在江戶、京都、大坂號召浪人造反，企圖一舉推翻幕府。然而，由於有人事先告密，這項顛覆政府的計畫最後以未遂而告終，正雪自盡，其他參加者也被判處磔刑或斬首問罪。

經歷了這次事件，幕府終於明白浪人問題隱含的風險，之後，便盡量減少削藩，避免製造更多浪人。另一方面，幕府也開始改變做法，設法對無業浪人伸出援手，獎勵各藩提供浪人工作機會。

但是慶安事件之後，浪人問題始終存在。直到幕府末期，浪人終於成為明治維新的一大動力。

「浪人（ろうにん）」原是「牢籠人（ろうろうにん）」的簡稱，最初稱為「牢人（ろうにん）」，家綱的時代才改寫為「浪人」。

時代劇的熟面孔，大岡越前、遠山的金先生都是真人真事？

大岡越前、遠山的金先生都是擔任過町奉行的真實人物。這兩位著名的奉行在當時曾經深受民眾愛戴。

說起町奉行，大家不免想起兩部有名的時代劇《大岡越前（忠相）》跟《遠山的金先生（遠山景元）》吧？這兩部作品裡的虛構比例成分佔很重，但是劇中兩位主角卻是真實人物，而且在當時名聲遠播，深受民眾愛戴。

江戶的町奉行分兩處：北町奉行所與南町奉行所。但並非指兩處奉行所分別管理不同地區，而是表示江戶全市的治安，由兩處隔月輪流負責管轄。沒有排到輪值的奉行所也不能休息，必須處理正在受理的訴狀等任務，實際工作跟輪值一樣忙碌。

按照規定，町奉行是從三千石級的旗本當中選任，一般人以為町奉行的工作就是處理訴訟，其實這只是部分業務。事實上，町奉行負責的業務範圍極廣，整個江戶城內，除了武家和寺院神社之外，其他有關一般民政、立法、司法、行政、警察、消防等事務，全部都歸町奉行管轄。換成現代的概念解釋的話，町奉行既是高等法院法官，也是警視廳長，同時還身兼東京消防廳長與市長，可以說是一人身兼數項要職。

就拿大岡忠相來說，他當町奉行期間留下了無數政績，既在「御白洲」（刑訊所）為民眾裁決民事糾紛，又在江戶設置了町火消與小石川養生所。

大岡忠相的公平裁決手段被譽為「大岡裁決」。國周〈大岡越前守　坂東彥三郎〉（東京都立中央圖書館特別文庫室）

「櫻吹雪」的眞相

「遠山的金先生」的本名叫做遠山景元，關於他的傳說裡，最有名的就是櫻吹雪刺青。

景元十幾歲到二十幾歲這段期間，因為出身問題，度過一段慘澹歲月，據說身上的刺青就是那時刺的。但另外還有種說法，則說他擔任町奉行的時候身上還有刺青。當然，這一切都是謠言，因為他為民眾裁決糾紛時，不可能露出肌膚，更不可能主動對人提起。所以，上述這些傳說應該都是謠言，而且也找不到任何足供證明的資料。關於他身上的刺青，是在明治時代以後才傳出各種具體描述刺青花紋的流言。景元是辦事能力極強的町奉行，總是站在民眾的立場為他們著想，所以當時深受庶民愛戴，大家還給他取了暱稱，叫做「遠山的金先生」。

町奉行所的主要職位

年番方	總管町奉行所一切事務、人事、出納
吟味方	民事訴訟的調停、審理，刑事案件的斟酌、審理，執行處刑
赦帳方・撰要方・人別調掛	調查犯人的罪狀，製作特赦資料
例繰方	記錄並調查判例，製作判決資料
本所見迴	總管本所、深川
養生所見迴	管理小石川養生所
牢屋見迴	管理並監督小傳馬牢屋敷
定橋掛	負責維修幕府興建的橋梁
町會所見迴	管理江戶市區町會所
猿屋町會所見迴	監督淺草藏前的札差（收購武士俸祿米的米商）
古銅吹所見迴	監督煉製精銅的業務
高積改	限制河岸堆積物的高度
町火消人足改	指揮町火消進行消防任務
風烈見迴	強風時四處巡邏，提醒民眾小心火燭
人足寄場掛	監督石川島工人
三迴（定迴・臨時迴・隱密迴）	負責搜查罪證，逮捕犯人，偵查案情

江・戶・漫・步

南町奉行所跡

ＪＲ有樂町車站中央口

南町奉行所於一七〇七年（寶永四年）遷移到今天的ＪＲ有樂町車站前方，一直到幕府末期都在這裡。大岡忠相從一七一七年（享保二年）至一七三六年（元文元年）曾在南町奉行所上班。

江戶軼聞　町奉行的工作極為繁重操勞，據說當時因過勞而死在任上的町奉行不在少數。

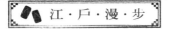

與力・同心

59

經常在時代劇裡出現的與力與同心做什麼工作？

與力與同心都是町奉行的部下，兩者都是負責實務方面的工作，但是從職務分配的角度來看，同心相當於與力的屬下，工作內容除了追捕犯人之外，還包括其他各種任務。

與力與同心都是町奉行的部下，電視連續劇《必殺仕事人》裡的中村主水就是同心。

町奉行的組織雖然隨時代改變，但是基本上，一直維持著南北町奉行所各自擁有與力二十五騎（因與力配備馬匹，所以單位用「騎」），同心一百二十名。此外，還有若干名「岡引」（捕快），但「岡引」只是同心以私費雇用的助手。

與力原是騎馬上班的武士，也叫做「寄騎」，通常是以「騎」為計算單位。與力與同心都是世襲制，而且全都住在八丁堀，所以別稱叫做「八丁堀老爺」。

有些與力的出身門第較高，擁有晉謁將軍的資格，但在町奉行所當差的與力，因為工作上接觸到罪犯，屬於「不淨役人」，不僅地位低於其他的與力，更沒有資格謁見將軍。

另一方面，與力平時很少跟其他的旗本或御家人來往，即使想要結婚成家，也只在狹窄的交際圈中物色對象，所以幕府末期的時候，幾乎所有的與力與同心之間都可以連上血緣關係。

捕捉犯人使用的道具

左起：刺股、袖搦、突棒、十手

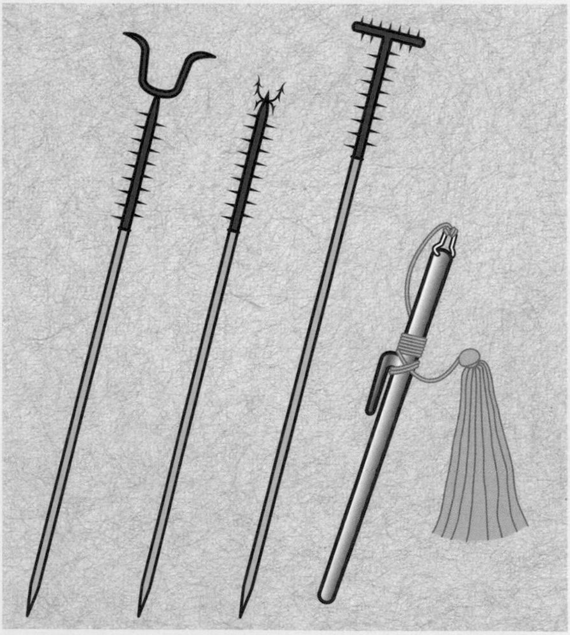

捕捉犯人的狀況

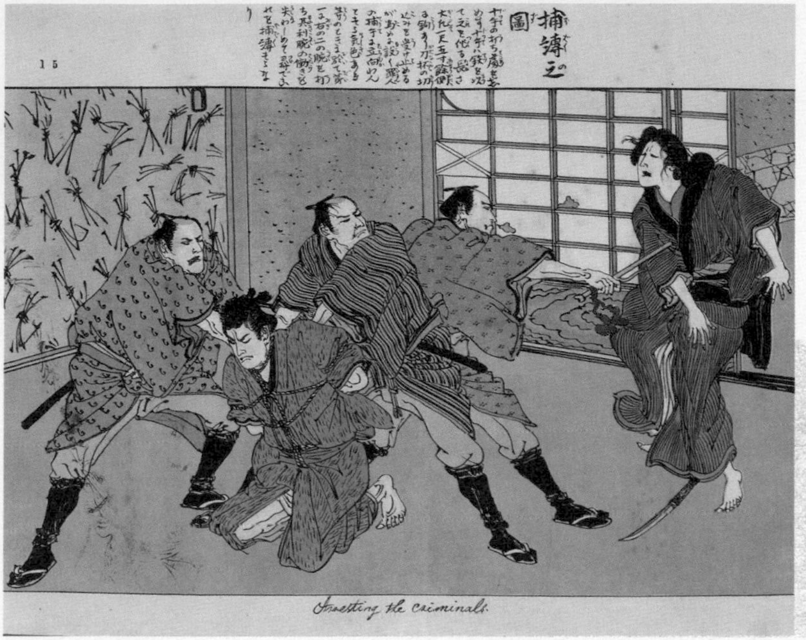

幾名同心衝進強盜集團躲藏的地點，先把強盜頭目捆起來，這時，一個女人舉起匕首胡亂揮舞，一名同心立即拿起「十手」敲打女人的手腕，匕首應聲落地。〈德川幕府刑事圖譜〉（明治大學博物館）

追捕犯人之外還有很多任務

與力的年俸約為兩百石，同心的年俸比與力低，只有三十俵二人扶持，但因為工作上與人交往較頻繁，經常收到各種禮品，生活反而過得比與力寬裕。

一般人聽到與力與同心，立刻會聯想他們手抓十手追捕犯人的形象，其實，他們都是町奉行的部下，除了追捕犯人之外，也要負責其他任務，譬如巡視小石川養生所、為本所・深川的橋梁道路工程募款、檢查河岸狀況等，可以說，與力與同心都是萬能的辦事人員。

當時江戶市區負責維持城市機能的與力與同心，總共約三百人，這種程度的人員數目應該算是相當少的，也多虧了他們工作態度認真努力，江戶的城市安全與和平才得以維護。

江戶祕話

捕捉犯人的真相

同心拿著刺股、袖搦猛追犯人，最後雙方展開猛烈打鬥，這種鏡頭，只有在時代劇最精彩的高潮戲才能看到。其實真實的情況是，嫌犯拒絕就逮時，同心才會動用道具。通常，同心是根據手下提供的情報追逐犯人，但這種方式對身為上司的同心來說，並不是光榮的事情，據說這種前例並不多。另一方面，犯人若是逃進寺院、廟宇或神社，同心必須先獲得這些設施的同意，才能把犯人抓走。

江戶軼聞 岡引的條件是必須具有實務能力，所以有時也從服刑完畢的罪犯裡挑選，據說這類岡引經常與人爭執鬧事。

殘酷得令人膽戰心驚，江戶時代有哪些死刑？

江戶時代的死刑犯處死的方式共有六種，罪行越重，刑罰也越殘酷。除了死刑之外，還有過料、鞭打、入墨、遠島等各種刑罰。

江戶時代的刑罰採取含有警示意味的嚴罰主義，當時流傳過一句俗語形容這種嚴刑峻法：「偷十兩，掉腦袋。」江戶的刑罰體系非常複雜多樣，輕刑至重刑的順序如下：叱、押込、過料、敲（鞭打）、入墨、追放、遠島、死刑等。如果重複再犯同樣的罪行，刑罰就會加重，譬如扒手的初犯處以敲刑，再犯處以入墨，第三次再犯則處以死刑。

八代將軍吉宗制定的法典《公事方御定書》記載了各種適用於死刑的罪行，其中包括：偷竊十兩以上的錢財、辻斬（武士為了試刀隨意砍人）、縱火、殺人、謀逆罪、販賣毒藥、製造假秤等。

死刑的處死方法有六種，從輕刑至重刑的順序為：「下手人」、「死罪」、「獄門」、「火罪」、「磔」、「鋸挽」。處刑的輕重根據罪行而定。譬如因為爭吵等跟利益關係無關的理由殺人，犯人將被處以「下手人」，犯人行刑後准許收屍，憑弔。但如果是強盜殺人，則適用「獄門」，斬首後不但屍體被用來試刀，更不准親友憑弔，甚至還在砍下的腦袋旁邊豎起標明罪狀的木牌，連續示眾三天。至於縱火犯，則處以報復性刑罰，先在市區遊街示眾，然後綁在木樁上活活燒死。武士的死刑通常是切腹或斬首，罪行較輕者處以切腹。

六種死刑

下手人	因為酒醉、情緒失控、誤殺、口角爭執等無關利益的殺人。行刑後准許收屍，憑弔。
死罪	偷竊十兩以上錢財、以偽造文書向人借錢、武士持刀殺人等無關利益的殺人。斬首後屍體用來試刀，不准親友憑弔。
獄門	強盜殺人、攔路搶劫、製造假秤、私通老闆娘等，斬首後，將砍下的腦袋與標明罪狀的木牌一起向大眾展示。
火罪	縱火犯。先在市區遊街示眾，然後綁在木樁上活活燒死。
磔	謀殺主人、殺死雙親、偷渡山區而不經關卡、偽造貨幣等，先在市區遊街示衆，然後綁在木樁上，用長槍連刺幾十次，直到斃命。
鋸挽	謀殺主人、逆謀罪等，首先將犯人活埋土中，只露出腦袋，兩側分別放置竹鋸與鐵鋸各一，任何人都可上前鋸斷犯人的脖子。但通常不會有人動手，所以示眾數日後，處以磔刑。

處以火刑的犯人

火刑是針對縱火犯採取的懲罰，附帶刑罰是沒收犯人家中的田產與房屋。〈德川幕府刑事圖譜〉（明治大學博物館）

沒有監禁刑

江戶時代沒有監禁刑，會被關進牢房的，都是尚未判刑的未決犯。幕府最大的牢房在小傳馬町，江戶後期這座牢房曾經收容過三百～四百人。

江戶市內的刑場共有四處：鈴之森刑場（品川區）、小塚原刑場（荒川區）、大和田刑場（八王子市）、板橋刑場（板橋區與北區）。

只要想像一下那些殘酷的死刑方法，就令人不寒而慄，但也因為有了這種嚴刑峻法，江戶的治安與幕府的權威才得以維繫。

各種犯罪與刑罰

敲（鞭打）	輕偷竊罪
入墨	曾經接受敲刑的累犯
手鎖	引誘單身女子私通等
江戶払	武家的家來醉酒傷人、藏匿流刑犯等
輕追放	帶刀的百姓、町人
遠島	賭博的主犯、過失殺人、寺僧跟女性有染等

江戶軼聞 江戶時代民眾自己施加私刑的案例非常多，譬如把抓到的壞人綁在木樁上，然後拉著犯人在市內遊街，類似這種私刑在當時很常見。

第四章內容檢測題

讀完第四章之後，你對江戶是否更了解呢？請回答下面的試題，確認一下吧。

問題

1 今天日本皇宮所在地正是從前江戶城樓的內郭部分，如果把外郭也計算在內，江戶城樓的總面積約有（①）萬平方公尺。

2 德川家歷代將軍當中，因為頒布「生類憐憫令」而出名的是（②）。

3 將軍每天起床後，吃完早餐，必定要向歷代將軍牌位膜拜，之後，走進名為「（③）」的房間執行政務。

4 庶民聽說有大名行列要進入江戶城樓時，大家都興高采烈地站在路旁看熱鬧，很多人的手裡都捧著一本（④），這本書裡記載了全國大名的相關資料。

5 大名在江戶擁有三座屋敷，分別是上屋敷、中屋敷，與（⑤）。

6 出生在各地的武士說話時鄉音很重，他們的穿著在江戶子的眼中也顯得比較土氣，所以大家把這些武士譏為（⑥）。

7 旗本與御家人的俸祿比較少，需要從事副業才能餬口。眾多副業當中，有一種頗有名氣，那就是御徒町御徒士組的（⑦）栽培。

8 江戶時代，浪人的數目越來越多，社會治安日漸惡化，幕府對這個問題一直很頭痛。一六五一年（慶安四年），浪人發起了一次名為（⑧）的顛覆活動，不過最後是以失敗告終。

9 與力與同心都是町奉行的部下，他們都住在（⑨），所以被稱為「（⑨）老爺」。

10 江戶時代的死刑共有六種，其中適用於縱火犯的刑罰叫做（⑩）。

解答

【1】兩百三十【2】德川綱吉【3】御座之間【4】武鑑【5】下屋敷【6】淺黃裏【7】朝顏【8】慶安事件【9】八丁堀【10】火罪

第 5 章

大江戶名所漫遊

江戶子的內心永遠充滿好奇，
為了不斷追求新刺激、好心情，他們喜歡前往各處名所漫遊。
當時廣受大眾喜愛的許多名所，至今仍然完好地保存著。
這一章裡，讓我們幻想自己變成了江戶子，一起來享受漫遊名所的樂趣吧。

江戶子喜愛的名勝景點漫遊，旅遊指南相當多！

旅遊指南很受歡迎

江戶時代的庶民很喜歡在城內四處遊玩。因為離開江戶到遠方旅行的話，不僅花費浩繁，途中若要經過關卡，還得事先申請通行證，手續十分麻煩。但如果只在江戶城裡觀光，不僅隨時都能上路，而且當時一般人都很能走路，一天走上幾十公里不是難事。所以我們由此類推，江戶的庶民應該都把城裡的名所逛遍了吧。

一八三四年（天保五年），一套介紹江戶名所的地方誌《江戶名所圖會》出版了，兩年後，又出版了續集，這套圖書總共七卷二十冊，書中詳細介紹了江戶與近郊的著名景點。這套書一上市，立刻成為搶手的旅遊指南，許多人都當作江戶土產競相搶購。據說這套圖書之所以那麼受歡迎，因為書中穿插了詳盡的插圖，還在解說中附上各處名所的由來、故事等。

描繪名所的浮世繪系列作品

浮世繪當中也有很多以江戶名所為主題的作品，畫中不只描繪單純的景色，還用美女或歌舞伎演員配合名所組成系列作品。這種成套的畫作也很受歡迎。

據說當時江戶子幾乎人手一冊，帶著這種觀光指南跟家人、鄰居或同事一起出門遊玩，或到傳說靈驗的寺院神社參拜，或到各處名所品嚐當地美味。就像現代人一樣，江戶子也喜歡盡情享受這種一日遊的樂趣。

江戶名所圖會

全書介紹各處神社、佛廟、名勝、古蹟，總數多達一千零三十四處。（東京都立中央圖書館特別文庫室）

帷子川

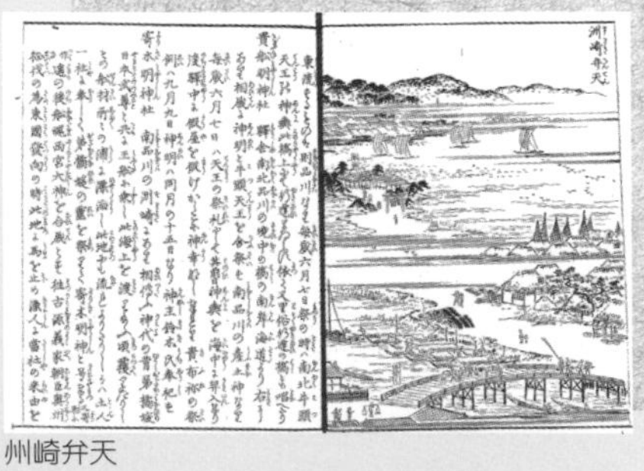

州崎弁天

浮世繪裡的名勝

右圖是美女站在不忍弁天的前面，左圖則介紹歌舞伎演員和新吉原。

豐國〈江戶名所圖會　新吉原　花川戶助六〉
（國立國會圖書館）

豐國、國久〈江戶名所百人美女　不忍弁天〉
（國立國會圖書館）

江戶名所的雙六

或許也有人願意藉著雙六暢遊江戶的名勝吧。國安〈江戶名所四季遊參雙六〉
（國立國會圖書館）

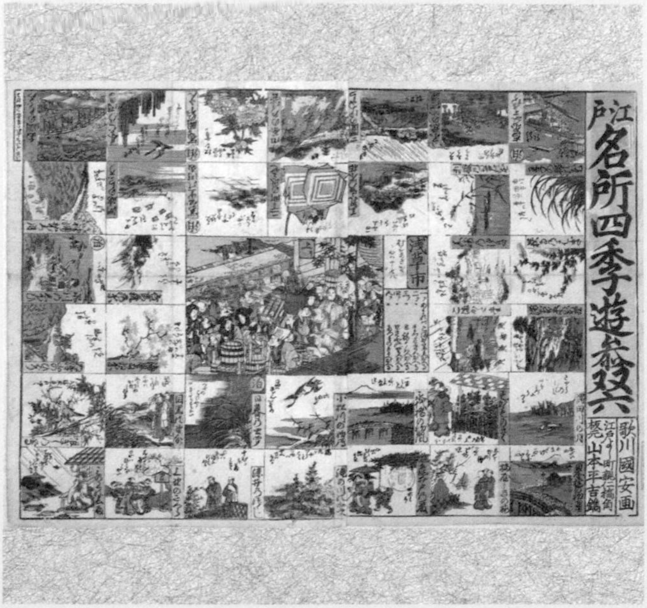

更值得慶幸的是，這些名勝雖然歷經多次火災與戰火，現在東京市內仍然保存了許多當時的景點。現在就讓我們想像一下自己變成了江戶子，一起去走訪大江戶名所吧。

江戶軼聞　由谷中的七間寺院共同組成的「七福神漫遊」路線，也是江戶子趨之若鶩的「巡拜熱點」。

五街道的起點成為江戶的中心，水、陸運的基地日漸繁榮

所有的道路都從日本橋出發

日本橋當初被設定為江戶的中心是有特別含意的。因為這裡既是東海道等五街道的起點，也是全國水上交通的基地。全國各地運到江戶的貨物都在日本橋附近上岸，然後再運往市內各地。另一方面，日本橋也是海鮮類集中批發的鮮魚市場，場內總是不斷傳來精神抖擻的叫價聲，為市場加添不少熱鬧的氣氛。

日本橋最早是在一六〇三年（慶長八年）家康開設幕府時架設的。之後，日本橋作為江戶的象徵曾被許多繪師畫入作品。

把天空還給日本橋川

今天這座日本橋的橋身已是創建以來的第二十代，由東京市在一九一一年（明治四十四年）建造完成。這座文藝復興式石造橋梁的全長約四十九公尺，橋寬約二十七公尺，橋柱上的名牌由最後一代將軍慶喜親筆書寫。兩端橋頭的青銅高架路燈下方，分別裝置了獅子與麒麟的裝飾，獅子代表東京的守護神，麒麟則象徵東京的繁榮。一九九八年（平成十年），這兩座銅像已被指定為國家重要文化財。

今天的日本橋上方剛好有首都高速公路通過，看起來就像屋頂似的覆蓋著橋身。許多東京市民都覺得非常可惜，因為美麗橋梁被公路蓋住，原本的魅力也失去了大半。因此，東京市內要求把天空還給日本橋川的市民運動也從來沒有停過。

清晨的日本橋

清晨的日本橋熱鬧非凡，橋上擠滿了挑著扁擔的小販。廣重〈東海道五十三次之內　日本橋　行列振出〉（東京都立中央圖書館特別文庫室）

陣雨中的日本橋

陣雨中的日本橋別有風情。廣重〈東都名所日本橋之白雨〉（國立國會圖書館）

橋上與河面都擁擠不堪的日本橋

這幅畫雖然描繪得比較誇張，但是日本橋確實從早到晚都擠得水泄不通。國芳〈本朝名橋之內江都日本橋略圖〉（東京都立中央圖書館特別文庫室）

今天日本橋作為日本的經濟活動中心，依然是人車爭道，絡繹不絕。

象徵守護東京的獅子。名牌上的字跡出自最後一代將軍慶喜之手。

文藝復興式的橋身十分美麗。

江戶軼聞 今天這座橋身的建設費用在當時總共花費了五十一萬元，據說其中用在裝飾與雕刻的費用約為五萬元（約佔總額的百分之十）。

春天賞櫻、夏天乘涼——四季風雅充滿情趣的地方

一年四季各具風情

「都鳥不負盛名，容我發言相問，吾之所思所愛，如今是否安好？」（海鷗啊，如果你的名字叫「都會」，我想問問你，我所愛的那個住在都會的人，現在是否平安無事？）

這是《伊勢物語》裡的一首和歌，平安時代初期的貴族、歌人在原業平失意時來到江戶後，在隅田川看到海鷗時寫下了這首和歌，歌中描述的情景已成為銘刻在江戶子心底的隅田川理想形象。這條河上還有一座「言問橋」，橋名就是來自這首和歌。橋頭有一家點心店，店裡的特產「言問糰子」的名字也是來自這首和歌。

春季裡，號稱「十里長堤花如雲」的隅田川是江戶著名的賞櫻勝地；等到夏季來臨，五月二十八日至八月二十八日的三個月之間，河面停滿各式納涼船，兩國橋附近升起鮮亮璀璨的花火。秋天時，則是賞楓與賞月的著名景點；冬季的岸邊，天地構成一片純白雪景。隅田川確實名符其實充滿了風雅情趣，不愧是江戶子引以為傲的休憩場所。

逐漸變身為都會的河流

江戶時代的隅田川水質非常清澈，河裡還有許多銀魚棲息，當時經常可以看到漁夫在水上撒網捕魚。真是一幅恬靜悠閒的景象！但是戰後日本百業復興，全國步入高度成長期，隅田川也因為工廠排放廢水造成水質污染，終於變成惡臭撲鼻的泥沼河。值得慶幸的是，東京市近年加強河流淨化作業，隅田川的水質也大幅度地獲得改善，魚類與水

北齋筆下的隅田川

畫中場景位於今天的藏前橋岸邊。從這裡可以看到富士山，所以叫做「富士見渡口」。北齋〈富嶽三十六景　御廏川岸觀賞兩國橋夕陽〉（山口縣立荻美術館・浦上紀念館）

隅田川雪景

四周一片銀白世界裡，幾個女人正在等候渡船。北齋〈隅田川・渡口之雪〉（山口縣立荻美術館・浦上紀念館）

隅田川的渡口

當時因為防禦外敵入侵江戶，隅田川的橋梁很少，由於民眾都是搭船渡河，所以渡口非常多。廣重〈東都名所圖會　隅田川渡口之圖〉（國立國會圖書館）

鳥類也漸漸重新出現在河裡。二〇一一年（平成二十三年），隅田川畔建起「晴空塔」，成為東京的新地標。我們不禁感到好奇，今後的隅田川景色不知會變成什麼樣？

今天的隅田川上架設了各式各樣的橋梁。

吾妻橋上看到的隅田川。

兩國橋附近的川面風景。

江戶軼聞　明治時代的俳人正岡子規也寫過一首關於隅田川的俳句：「雪日隅田青都鳥。」句中的都鳥即是今天的東京市鳥百合鷗。

古寺的雷門是淺草的象徵，淺草寺已成庶民娛樂中心

供奉淺草觀音的古寺

淺草寺自古至今一直是極受歡迎的觀光景點。這座寺廟的起源非常古老，據說在六二八年（推古天皇三十六年），淺草附近的漁夫在隅田川裡撒下魚網後，撈起一座一寸八分長的黃金觀音菩薩像。漁夫回家後把菩薩金像供了起來，這就是後來淺草寺的緣起。

六四五年（大化元年），勝海上人在淺草創建觀音堂，並將觀音像本尊定為密佛，從此之後，成千上萬的參拜者從全國各地湧向這個無名的漁村。

鎌倉時代的將軍曾在這座古寺皈依佛門，之後，又因為家康的特別庇護，淺草寺的威望愈加隆盛，最終變成了庶民信仰的重心。一六三一年（寬永八年）與一六四九年（慶安二年），淺草寺兩度被大火燒毀，但因為受到三代將軍家光的援助，所以能夠迅速重建。

逐漸發展爲娛樂中心

一六八七年（貞享四年），由於淺草寺與將軍家的關係過於密切，五代將軍綱吉為了避嫌，把淺草寺劃歸寬永寺管轄，之後，積極迎合庶民信仰的風潮，在境內開設許多茶屋，街頭藝人的表演也吸引了無數遊客，淺草寺逐漸發展為江戶數一數二的娛樂中心。

風神雷神門（通稱「雷門」）曾被大火燒毀多次，現在的雷門是戰後重建的，門上的大燈籠是在二〇〇三年（平成十五年）重新製造，寬三・三公尺，高三・九公尺，重量七百公斤。之前的大燈籠已經使用了十一年。眾所周知，雷門是淺草寺的象徵，也是絕無僅有的寶物。

雪中的淺草寺

從門口大燈籠前面望去，只見院內積滿了白雪。廣重〈名所江戶百景　淺草金龍山〉（國立國會圖書館）

金龍山淺草寺的院內

廣重描繪櫻花季節的淺草寺。院內可見色彩繽紛的櫻花，還有從遠處流過的隅田川。廣重〈東京名所淺草金龍山從境內向島隅田川之景〉（國立國會圖書館）

雷門是淺草的著名標誌。大燈籠的兩側分別安置了風神和雷神。

院內的寶藏門和五重塔曾經數度燒毀，但每次都立刻重建。

從前的本堂（正殿）在戰爭中被燒毀了，現在的本堂跟從前外型相同，於一九五八年重建完成。

 江戶軼聞 淺草寺能夠成為庶民娛樂中心並且日漸繁榮的理由，也因為新吉原位於寺院後方的緣故。

規模超過京都金閣寺、銀閣寺，總面積三十六萬坪的大寺院

六位將軍長眠的家廟

一六二五年（寬永二年），三代將軍家光執政時期創建了寬永寺，這座寺院是天台宗的關東總本山，也是德川將軍家的家廟，共有六位將軍長眠於此：家綱、綱吉、吉宗、家治、家齊、家定。

江戶時代的寬永寺全境涵蓋了整座上野山，總面積約為三十六萬坪，境內眾多殿堂林立。江戶子對這座寺院特別自豪，認為這裡比京都的金閣寺、銀閣寺更為宏偉。當時有川柳詩寫道：「寬永寺，燦爛又耀眼，遠勝金銀寺。」

寬永寺也是賞櫻勝地。每年櫻花盛開的季節，總是被賞花客擠得水泄不通。但因為這裡也是將軍的家廟，黃昏時刻就會驅趕遊客，而且賞花時不准飲酒作樂。

上野戰爭的激戰地

寬永寺曾經遭遇過數次大火，幕府末期又成為彰義隊與新政府軍的決戰之地，境內多數的殿堂都已損毀。從前的本坊表門上還留下了彈痕，可以窺見當時戰況的慘烈。不過，在這片殘土廢墟中，還有一座建築沒被燒毀，那就是一六三一年（寬永八年）模仿京都清水寺建造的清水觀音堂。這座建築現在已被指定為國家重要文化財。清水觀音堂的正殿叫做根本中

櫻花季節的寬永寺

這裡是江戶最佳的賞櫻勝地，但禁止賞花遊客大聲嘻笑喧嚷。廣重〈東都名所　上野東叡山之圖〉（國立國會圖書館）

享受賞櫻樂趣的參拜者

這幅畫也是賞櫻季節的景色，院內可見無數遊人正在賞櫻。廣重〈江戶名所　上野東叡山境內〉（國立國會圖書館）

寬永寺境内

寬闊的院內樓宇並立，四處都可看到盛開的櫻花。廣重〈東都名所　上野東叡山全圖〉（國立國會圖書館）

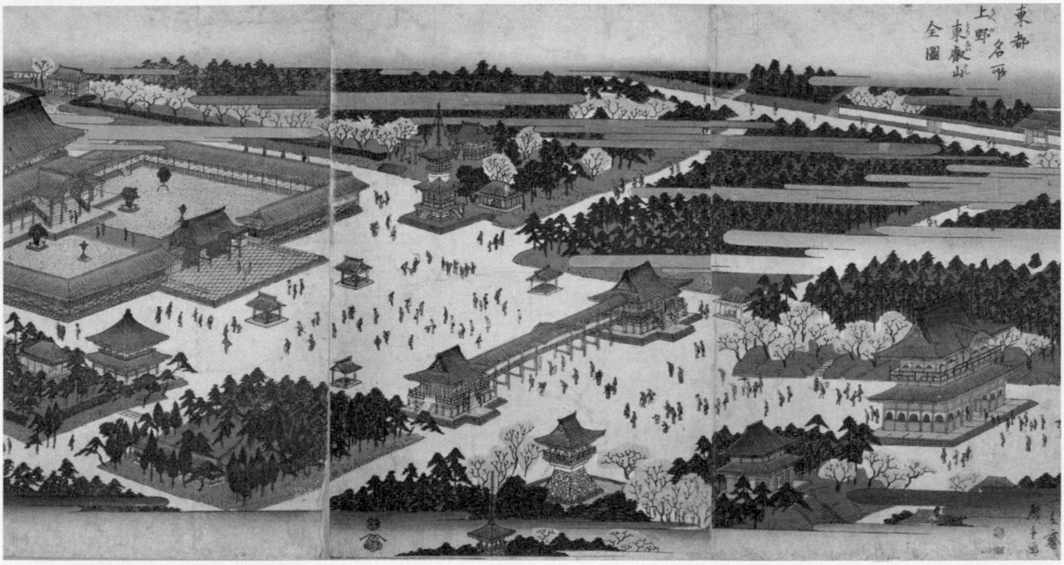

堂，曾在上野戰爭中燒毀，後於一八七九年（明治十二年）重建。

一八七三年（明治六年），明治天皇決定把寬永寺境內開放給大眾利用，並把這片地區命名為「上野恩賜公園」。之後，園內陸續興建了博物館、動物園、美術館等，現已成為文化氣息極為濃厚的地區。

根本中堂是本堂。

從前的寬永寺五重塔。

清水觀音堂的建築模仿清水寺的舞台而建。

江戶軼聞 寬永寺內有一座大佛，最初是在一六三一年（寬永八年）建造的。關東大地震的時候佛像受到損壞，現在只剩下地震時震落的佛像頭部。

蓮開盛景彷彿極樂淨土，不忍池多次畫入名勝錦繪

堪稱名勝的天然池

不忍池是上野恩賜公園裡的天然池，池周總長一・七公里，據專家推測，水池的位置在古代原本位於海底，平安時代因為海岸後退，所以這裡變成了水池。江戶時代的不忍池面積比現在更大。而「不忍」這個名稱的由來，可能是因為上野附近的山丘叫做「忍之丘」，才故意取了含意相反的名字吧。

當初慈眼大師天海創建寬永寺的時候，他認為不忍池很像琵琶湖，池中的小島也就相當於竹生島（琵琶湖裡的島嶼），所以便在小島上建了一座奉祀弁財天的廟堂。不過，池邊通往這座弁天堂的渡橋，卻是在一六七〇年（寬文十年）才建成的。從此，弁財天被奉為長壽、福德之神，深得民間廣泛信仰。不忍池周圍有很多候鳥棲息，從江戶時代起，池中種植了大量蓮花，每年蓮花一齊綻放的景致十分美麗，吸引無數遊客前來賞花，不忍池的蓮花也多次畫入錦繪的名勝風景畫裡。更值得一提的是，寬永寺在江戶時代是個令庶民安心的避難場所，因為每當發生火災或大地震時，就開放給庶民避難。

不忍池中的弁天島

參道一直通往弁天堂。供奉在殿內的本尊八臂大弁財天，是從竹生島寶嚴寺請來的。廣重〈東都名所　不忍之池〉（東京都立中央圖書館特別文庫室）

庶民看到蓮花盛開的景象就會聯想到極樂淨土。廣重〈東都名所上野不忍蓮池〉（山口縣立荻美術館・浦上紀念館）

巨大的綠葉陪襯著色彩鮮豔的花朵。廣重〈三十六花撰東京不忍池蓮花 二十五〉（東京都立中央圖書館特別文庫室）

池畔有許多茶屋比鄰而立，遊人絡繹不絕。另外也有專供幽會的出合茶屋，進口都設在隱僻之處。廣重〈新撰江戶名所不忍池新土堤春之景〉（國立國會圖書館）

出合茶屋密集區

眾所周知，不忍池畔有很多出合茶屋，也就是今日所謂的愛情旅館。這些茶屋對外打出「一面賞蓮一面吃蓮飯」的招牌，其實專門為不倫男女提供幽會的場所。當時有一首川柳詩就描述了這種情況：「不忍茶屋裡，幹著需忍事。」

不忍池現在仍是大眾喜愛的遊覽勝地，更是賞蓮的著名景點，每年八月的時候，池中開滿桃紅色大型花朵，被巨大的綠葉團團圍住，這幅景象早已成為不忍池的夏季風物詩。

越過不忍池之後就可以看到弁天堂。

每年盛開的大型花朵。

一年四季的景色各異，令人流連忘返。

江戶軼聞 關於不忍池的名稱由來另有一說，據說從前在不忍池附近有一種叫做「篠（ササ）」的矮竹，環繞池邊長得非常茂盛，所以水池取名叫做「篠輪津（しのわず）」，剛好日文發音聽起來很像「不忍（しのばず）」。

號稱「寺格百萬石」的德川家廟，庶民熟悉的報時鐘聲

「寺格百萬石」的大寺院

增上寺跟上野寬永寺都是德川將軍家的家廟，共有六位將軍葬在增上寺：秀忠、家宣、家繼、家重、家慶、家茂。增上寺原是幕府鑽研學問的場所，境內不像寬永寺那樣種滿櫻樹，供人賞櫻，所以對庶民來說，增上寺是個氣氛嚴肅，難以接近的地方。

這座寺廟最早創建於一三九三年（明德四年），直到一五九八年（慶長三年）才遷到今天的所在地「芝」。江戶開府之後，家康對增上寺特別眷顧，處處給予優待與照顧。寺院境內總面積二十四萬坪，建造了四十八間寺中殿堂，一百數十間學生寮，樓宇林立，規模宏偉，擁有「寺格百萬石」的稱號。

仍然保存江戶初期姿態的三門

增上寺曾經數次遭遇大火，又經歷了空襲摧殘，大多數殿堂都已慘遭燒毀，如今只剩面向大路的「三解脫門」（三門）仍然保持江戶時代的模樣。「三解脫門」建於一六二三年（元和八年），是東日本規模最大的寺門，現在已被指定為國家重要文化財。從前的大殿（本堂）被戰火燒毀，戰後才在一九七四年（昭和四十九年）完成重建。就在這座大殿後方不遠處，現在可以清晰地看到東京塔的身影。

參拜的遊人

因為寺院地位崇高，參拜者絡繹不絕。廣重〈東都名所　芝增上寺〉（國立國會圖書館）

增上寺境內

號稱佔地二十四萬坪的大寺院。家康去世前留下遺言，希望自己的葬禮在增上寺舉行。廣重〈東都名所　芝神明增上寺全圖〉（國立國會圖書館）

三解脫門（三門）是增上寺的中門。

對江戶子來說，增上寺的報時鐘聲曾是生活中不可或缺的元素。這裡的鐘聲跟上野寬永寺、淺草的淺草寺並稱為「江戶三大名鐘」，江戶居民不僅對這三座大鐘懷著濃厚的感情，也曾留下不少關於大鐘的川柳詩與長唄：「耳聞鐘聲響，試問鐘在哪？在芝（增上寺）在淺草（淺草寺）？還是在上野（寬永寺）？」「江戶十之七，皆聞芝鐘響。」「芝鐘之聲傳西國。」

奉祀阿彌陀如來的大殿（本堂）。

為江戶子報時的鐘樓堂。

江戶軼聞　今天這座鐘樓裡的大鐘是戰後重建的，現在仍跟從前一樣，每天早上六點與黃昏五點敲響鐘聲。

將軍到庶民都虔敬膜拜，朱漆神殿裡耀眼的「江戶總鎮守」

深受庶民愛戴的「明神大神」

「神田明神」創建於七三〇年（天平二年），是東京歷史最悠久的神社之一。傳說平安中期的武將平將門被斬首時，首級與身體一分為二，他的首級直向天空飛去，而最後掉落的地點，就是今天大手町的「將門塚」，而身體埋葬之處，則是現在的神田明神。江戶開府後不久，幕府於一六一六年（元和二年）把神田明神遷到現在的地點，企圖藉以鎮住江戶城的表鬼門。神田明神自此成為「江戶總鎮守」，上至將軍，下至庶民，都對這位江戶守護神篤信不已，並將神社暱稱為「明神大神」。

榮獲將軍御覽的「天下祭」

神田明神其實是由兩個神社組成，一個神社供奉「山王權現」（由山岳信仰、神道、佛教天台宗融合而成的神明），另一個神社供奉氏神（保佑當地居民的土地神）。這裡的氏神保佑的是日本橋東邊至北邊的町人，山王權現的信徒主要是日本橋西邊至北邊的武士。兩座神社舉辦的祭典都稱為「天下祭」，也是將軍特准進入江戶城樓遊行的兩大祭。一六〇〇年（慶長五年），神田明神曾為即將參加關原之戰的家康舉辦法會，祈禱家康勝利歸來。結果，家康真的在九月十五日神田祭那天獲得全勝，完成了統一天下的大業。據說，德川

神田明神的境內

神田明神位於本鄉台地東南方，當時從這裡可以看到江戶城內的大街小巷。廣重〈江戶名所　神田明神〉（山口縣立萩美術館・浦上紀念館）

參道上的參拜者絡繹於途

畫中可見許多參拜者集中在鳥居到隨神門之間的參道上。北齋〈新板浮繪神田明神御茶之水之圖〉（國立國會圖書館）

雪中的神田明神

被雪覆蓋的神田明神境內。廣重〈東都三十六景　神田明神〉（國立國會圖書館）

將軍家因而認為神田祭是象徵好運的祭典，命令神社每年持續舉辦。

神社境內大部分舊殿堂已在關東大地震或戰爭中燒毀了，不過，戰後也陸續重建了新的樓宇。一九七五年（昭和五十年），相當於神社正面玄關的隨神門重建完成，神田明神總算又恢復了堪比昔日外觀的榮姿。境內的御神殿（大殿）、隨神門、鳳凰殿等都是色彩鮮豔的朱漆建築，氣氛顯得十分絢爛耀眼，參拜者總是紛至沓來，絡繹不絕。

隨神門是全部檜木建成的入母屋造式建築物。

鋼筋水泥的大殿於一九三四年建成，在當時算是劃時代的創舉。

天堅屋從一六一六年起，一直在神田明神的門前販賣甜酒。

江戶軼聞　神社的正式名稱是「神田神社」，不過江戶子卻喜歡稱呼它為「神田明神」。

第五章內容檢測題

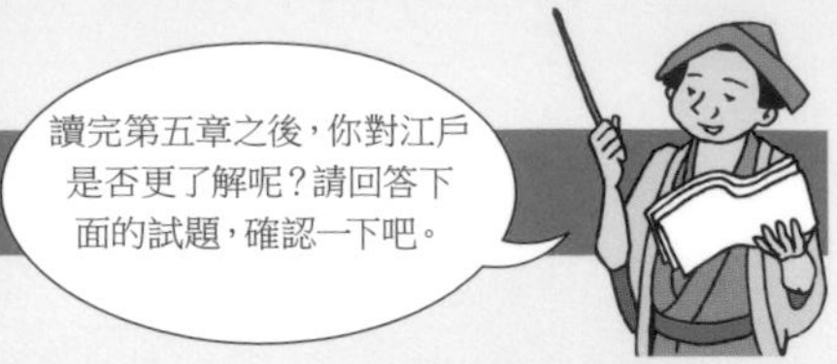
讀完第五章之後，你對江戶是否更了解呢？請回答下面的試題，確認一下吧。

問題

❶ 江戶後期出版了很多相當於旅遊指南的地方誌，其中有一套介紹江戶與近郊名所的著作，全部七卷，這部圖書叫做「（①）」。

❷ 日本橋是江戶的水陸交通要衝，最早於（②）年架設完成。

❸ 現在的日本橋上標誌橋名的名牌是（③）親筆書寫。

❹ 隅田川上有一座橋，橋名是根據在原業平在《伊勢物語》裡吟詠的和歌而來。這座橋是（④）。

❺ 淺草寺自古至今都是深受大眾喜愛的觀光名所，淺草寺的象徵雷門的正式名稱叫做（⑤）。

❻ 上野山的寬永寺跟芝的增上寺一樣，都是德川家的家廟，共有（⑥）位德川家將軍埋葬在這裡。

❼ 江戶時代的寬永寺全境覆蓋了整座上野山與周邊地區，是一座擁有（⑦）萬坪土地的大型寺院。

❽ 從寬永寺創建之初，不忍池裡就建造了一座小島，島上奉祀（⑧）。

❾ 增上寺擁有「寺格百萬石」的稱號，建於（⑨）年，江戶初期建成時的外型一直保存到今天。

❿ 神田明神是東京歷史最悠久的寺院之一，從將軍至庶民都對這座神社感到特別親近，並暱稱為（⑩）。

解答

【1】江戶名所圖會【2】一六〇三年（慶長八年）【3】御座之間【4】言問橋【5】風神雷神門【6】六【7】三十六【8】弁財天【9】一三九三年（明德四年）【10】明神大神

江戶時代的重要大事

年號	西曆	將軍	重要大事
天正（元～二十年）	1573～1592		（1590）德川家康遷入江戶城
文祿（元～五年）	1592～1596		（1592）江戶城開始修建。（1597）慶長之戰。
慶長（元～二十年）	1596～1615	家康（1）	（1598）豐臣秀吉去世。（1603）家康開設江戶幕府，自任征夷大將軍。（1605）秀忠繼任將軍。（1615）大坂夏之戰。制定約束武家、禁中、貴族的各項法規。
元和（元～十年）	1615～1624	秀忠（2）	（1616）家康去世。（1617）准許江戶開設青樓、家康從久能山改葬日光。（1605）家光繼任將軍。
寬永（元～二十一年）	1624～1644	家光（3）	（1625）寬永寺建成。（1635）參勤交代制度化。（1637）島原之亂。（1639）頒佈鎖國令（禁止葡萄牙船隻靠岸）。（1642）寬永飢荒。
正保（元～五年）	1644～1648	家光（3）	（1645）吉原燒毀
慶安（元～五年）	1648～1652	家光（3）／家綱（4）	（1651）家綱繼任將軍。慶安事件以未遂告終。
承應（元～四年）	1652～1655	家綱（4）	（1654）玉川上水建成
明曆（元～四年）	1655～1658	家綱（4）	（1657）明曆大火
萬治（元～四年）	1658～1661	家綱（4）	（1658）確立江戶定火消制度。（1660）伊達家紛爭。
寬文（元～十三年）	1661～1673	家綱（4）	（1671）幕府對伊達家紛爭進行裁斷
延寶（元～十三年）	1673～1681	綱吉（5）	（1673）三井越後屋開張。（1674）日本橋開設河岸魚市。（1678）設置大名火消，負責撲滅大名宅第的火災。（1679）越後國內部紛爭。（1680）綱吉繼任將軍。

年號	西曆	將軍	重要大事
天和（元～四年）	1681～1684	綱吉（5）	（1681）規定江戶有名的祭禮山王祭與神田祭隔年交替舉辦。（1682）八百屋阿七火災。
貞享（元～五年）	1684～1688		（1687）頒佈生類憐憫令
元祿（元～十七年）	1688～1704		（1689）芭蕉展開「奧之細道」旅程。（1698）設置內藤新宿驛站、永代橋竣工。（1702）赤穗浪人征討吉良義央（赤穗浪人復仇）。
寶永（元～八年）	1704～1711	家宣（6）	（1713）富士山噴發，火山灰遠達江戶。（1709）綱吉去世，生類憐憫令廢止。家宣繼任將軍。
正德（元～六年）	1711～1716	家繼（7）	（1713）家繼繼任將軍。本所、深川納入町奉行管轄範圍。（1714）繪島生島事件。
享保（元～二十一年）	1716～1736	吉宗（8）	（1716）吉宗繼任將軍，展開享保改革。（1717）大岡忠相被任命為町奉行。（1718）成立町火消制度。（1722）設置小石川養生所。（1733）兩國開河成為四季的重要活動。（1735）批准政府出售獎券。
元文（元～六年）	1736～1741		（1737）飛鳥山的玉川上水大量種植櫻花樹
寬保（元～四年）	1741～1744		（1742）彙整法令、判例，制定《公事方御定書》。
延享（元～五年）	1744～1748	家重（9）	（1745）家重繼任將軍
寬延（元～四年）	1748～1751		（1749）歌舞伎《假名手本忠臣藏》在森田座上演
寶曆（元～十四年）	1751～1764	家治（10）	（1757）平賀源內在湯島舉辦物產會。（1760）家治繼任將軍。
明和（元～九年）	1764～1772		（1765）錦繪創始。柄井川柳主編的《柳多留》發刊。（1772）明和火災。
安永（元～十年）	1772～1781		（1774）杉田玄白的《解體新書》出版。（1777）三原山噴發。

江戶時代的重要大事

年號	西曆	將軍	重要大事
天明（元～九年）	1781～1789	家治（10）	（1782）天明飢荒（～87）各地出現群衆暴動。（1783）淺間山噴發。（1787）家繼繼任將軍。江戶發生群衆造反運動。松平定信負責進行寬政改革（～93）
寬政（元～十三年）	1789～1801	家齊（11）	（1790）寬政異學之禁。（1791）頒佈男女混浴禁止令。（1797）林家私塾成為幕府直轄的昌平坂學問所。（1799）幕府將東蝦夷納入直轄地。
享和（元～四年）	1801～1804	家齊（11）	（1802）十返舍一九的《東海道中膝栗毛》出版
文化（元～十五年）	1804～1818	家齊（11）	（1814）滝沢馬琴的《南總里見八犬傳》出版
文政（元～十三年）	1818～1830	家齊（11）	（1818）幕府劃分江戶的範圍（製作「朱引圖」）。（1825）頒佈異國船驅趕令。（1828）西博德事件。
天保（元～十五年）	1830～1844	家齊（11）、家慶（12）	（1831）葛飾北齋發表〈富嶽三十六景〉。（1832）為永春水發表《春色梅兒譽美》。（1833）歌川廣重發表〈東海道五十三次〉。（1837）家慶繼任將軍。（1839）渡邊華山等遭受蠻社之獄。（1841）天保改革（～43）
弘化（元～五年）	1844～1848	家慶（12）	（1844）寄席（演藝場）開放自由營業
嘉永（元～七年）	1848～1854	家慶（12）、家定（13）	（1853）培里率船來到浦賀。家定繼任將軍。
安政（元～七年）	1854～1860	家定（13）、家茂（14）	（1854）日美和親條約。（1855）安政大地震。（1858）江戶流行霍亂，與美國簽訂「日美修好通商條約」。安政大獄。家茂繼任將軍。
萬延（元～二年）	1860～1861	家茂（14）	（1860）櫻田門外之變
文久（元～四年）	1861～1864	家茂（14）	（1861）三遊亭圓朝發表《怪談牡丹燈籠》。（1862）和宮下嫁家茂。
元治（元～二年）	1864～1865	家茂（14）	（1864）池田屋事件。長州征伐戰。
慶應（元～四年）	1865～1868	家茂（14）、慶喜（15）	（1866）慶喜繼任將軍。（1867）大政奉還。（1868）戊辰戰爭、江戶開城。

索引

《女大學》……94
《女今川》……94
《仕懸文庫》……94
《好色一代男》……94
《東海道中膝栗毛》……43、94
《南總里見八犬傳》……94
《春色梅兒譽美》……94
《家道訓》……94
《曾根崎心中》……94
《養生訓》……94
「火災、吵架，江戶之花」……77
《東海道五十三次》……92
《富嶽三十六景》……92

二劃
七五三……67
二十四節季……17
人別帳……11
八丁堀……130
八百屋阿七……77
十返舍一九……43、94

三劃
三井越後屋……45
三行半……55
三社祭……85
三笑亭可樂……100
三遊亭圓朝……100
上野恩賜公園……145
下物……44
千石船……25
大山詣……48
大名火消……30
大老……123
大坂之亂……127
大坂城代……123
大岡越前（忠相）……30、128
大奧……118
大道藝（街頭表演）……101
女衒……88
小川笙船……63
小石川後樂園……121
小石川養生所……63
小紋……58
小袖……58
小野川喜三郎……102
山口素堂……27
山王祭……84
山王權現……84
山東京傳……12、94
山鹿素行……126
川柳……96

四劃
不忍池……146
中山道……32
五街道……32
五節句……46
井原西鶴……94
太夫……88
太田道灌……8
太陰曆……16
文化大火……76
日本橋……26、32、44、138
日光街道……32
月代……56
水疱瘡……74

五劃
出雲阿國……98
加賀千代女……104
北町奉行所……128
古今亭志生……101
市川團十郎……98
弁天堂……146
玉川上水……22
玉川兄弟……23
玉屋……82
由井正雪……127
甲州街道……32
目黑不動……90

六劃

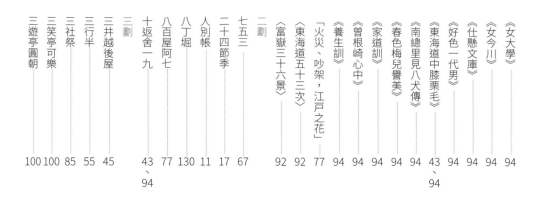

伊勢神宮……48
伊勢參……48、86
刑罰……132
吉原……88
同心……130
地震鯰繪……73
安政三大地震……72
安政大地震……72
寺子屋……50、94
寺社奉行……122
朱引……10
江戶子……12
江戶四宿……32
江戶名所圖會……136
江戶店……44
江戶城……8、110、116
江戶勤番……122
江戶醫學館……62
灯籠鬢……57
米澤彥八……100
老中……114、123
七劃
坂田藤十郎……98
投込寺……88
狂歌……96
町火消……30
見世物小屋……101
谷風梶之助……102
京都所司代……123
兩國橋……83
初鰹……26
八劃
和事……98
定火消……30
岡引……130
岡場所……89
往來手形……86
昌平坂學問所……51
明和大火……76
明曆大火……30、76、111
東洲齋寫樂……92
東海道……32
松尾芭蕉……27、126
林屋正藏……102
武家屋敷……120
武家諸法度……120
河岸……24
花川戶助六……12
近松門左衛門……94、126
阿仙……69
九劃
南町奉行所……128
奏者番……123
屋台……40
春日局……112
柄井川柳……96
柳多留……96
為永春水……94
若年寄……123
飛鳥山……80
十劃
島田髻……57
浪人……126
疱瘡……74
神田上水……22
神田明神……84、150
神田祭……84
荒事……98
追捕犯人（捕り物）……131
十一劃
側用人……122
參勤交代……122
御目見……122
御家人……122
御座之間……114
御殿山……80
淨閑寺……88
淺草寺……142

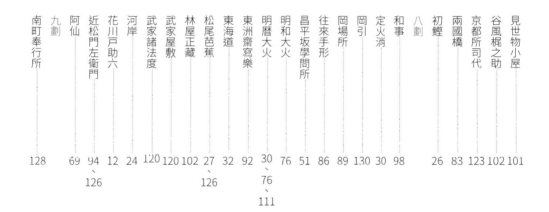

淺黃裏……122
笹紅……61
貨幣……18
魚河岸……26
鹿野武左衛門……100
痲疹……74
十二劃
喜多川歌麿……92
富士講……48
富籤……90
朝顏……104
棒手振……26
湯屋……38
湯島天神……90
貸本屋……94
開河……82
隅田川……24、82、140
奧州街道……32
感應寺……90
十三劃
新井白石……126
新吉原……88
源為朝……74
葛飾北齋……92
裏長屋……36
遊郭……88
道灌山……70
與力……130
雷電為右衛門……102
十四劃
彰義隊……144
旗本……122
歌川廣重……92
歌舞伎……98
遠山景元……128
寬永寺……17、80、144
十五劃
影富……91
增上寺……148
德川吉宗……80、112
德川秀忠……112
德川家光……112
德川家定……113
德川家治……113
德川家宣……113
德川家茂……113
德川家重……112
德川家康……8、110
德川家綱……113
德川家齊……112
德川家慶……112
德川家繼……112
德川綱吉……112
德川慶喜……112、138
慶安事件……127
蔦谷重三郎……95
蔬菜市場（やっちゃば）……28
齒黑……60
十六劃以上
錦繪……92
霍亂（コレラ）……75
彌次和喜多……86
鍵屋……82
豐島屋……42
瀧澤馬琴……94
繪島生島事件……119
藤田東湖……72
露的五郎兵衛……100

延伸閱讀

『家康はなぜ江戸を選んだか』 岡野 友彦　教育出版
『一日江戸人』 杉浦日向子　新潮文庫
『浮世絵にみる江戸名所』 ヘンリー•D.スミス　岩波書店
『絵が語る知らなかった江戸のくらし　武士の巻』 本田豊　遊子館
『江戸庶民の衣食住』 竹内誠　学習研究社
『江戸•東京百景広重と歩く』 安田就視　角川SSコミュニケーションズ
『江戸の川柳艶笑譚—バレ句の明かす生活の裏』 太田保世　里文出版
『江戸の台所－江戸庶民の食風景－』 人文社
『江戸庶民の楽しみ』 青木宏一郎　中央公論新社
『江戸東京事典』 三省堂
『江戸はこうして造られた』 鈴木理生　筑摩書房
『江戸四宿を歩く—品川宿•千住宿•板橋宿•内藤新宿』 街と暮らし社
『お江戸の意外な生活事情』 中江克己　PHP文庫
『大江戸ものしり図鑑』 花咲一男　主婦と生活社
『大江戸リサイクル事情』 石川英輔　講談社文庫
『史上最強カラー図解 江戸時代のすべてがわかる本』 大石学　ナツメ社
『写真で見る江戸東京』 芳賀徹、岡部昌幸　新潮社
『数字でわかるお江戸のくらし』 山本博文　カンゼン
『図説浮世絵に見る江戸っ子の一生』 佐藤 要人、藤原 千恵子　河出書房新社
『図説浮世絵に見る江戸の一日』 藤原千恵子　河出書房新社
『図解江戸の暮らし辞典』 河合敦　学習研究社
『図説太田道灌－江戸東京を切り開いた悲劇の名将－』 黒田基樹　戎光祥出版
『図説大奥のすべて(歴史群像シリーズ)』 学習研究社
『図説暮らしとしきたりが見えてくる江戸しぐさ』 越川禮子　青春出版社
『図説 世界があっと驚く江戸の元祖エコ生活』 菅野俊輔　青春出版社
『川柳で読み解く「お江戸」の事情』 中江克己　青春出版社
『総図解 よくわかる徳川将軍家』 「歴史読本」編集部　新人物往来社
『道灌紀行－江戸城を築いた太田道灌－』 尾崎孝　ピーエイチピー•パブリッシング
『東京江戸案内　巻の１－歴史散策－　名所篇』 桜井正信　八坂書房
『東京江戸案内　巻の５－歴史散策－　年中行事と地名篇』 桜井正信　八坂書房
『東京都の歴史散歩　上(歴史散歩１３)下町』 東京都歴史教育研究会　山川出版社
『東京の地名がわかる事典』 鈴木理生　日本実業出版社
『なぜ、江戸の庶民は時間に正確だったのか? 時代考証でみる江戸モノ65の謎』 山田順子　実業之日本社
『日本人なら知っておきたい江戸の庶民の朝から晩まで』 歴史の謎を探る会　河出書房新社
『早わかり江戸時代－ビジュアル図解でわかる時代の流れ!』 河合敦　日本実業出版社
『ビジュアルワイド 江戸時代館』 小学館
『一目でわかる江戸時代－地図•グラフ•図解でみる－』 竹内誠、市川寛明　小学館
『本当に江戸の浪人は傘張りの内職をしていたのか? 時代考証でみる江戸の仕事事情』 山田順子　実業之日本社

日本再發現 014
江戶人的生活超入門
江戸のひみつ　町と暮らしがわかる本　江戸っ子の生活超入門

國家圖書館出版品預行編目 (CIP) 資料

江戶人的生活超入門 / 江戶歷史研究會著；章蓓蕾譯 . -- 初版 . -- 臺北市：健行文化出版：九歌發行 , 2020.10
面；　公分 . -- (日本再發現；14)
譯自：江戸のひみつ　町と暮らしがわかる本　江戸っ子の生活超入門
ISBN 978-986-99083-3-7(平裝)

1. 生活史 2. 江戶時代 3. 日本
731.26　　109013217

著　　者——江戶歷史研究會
譯　　者——章蓓蕾
責任編輯——莊琬華
發 行 人——蔡澤蘋
出　　版——健行文化出版事業有限公司
台北市 105 八德路 3 段 12 巷 57 弄 40 號
電話／ 02-25776564・傳真／ 02-25789205
郵政劃撥／ 0112263-4
九歌文學網　www.chiuko.com.tw
印　　刷——前進彩藝股份有限公司
法律顧問——龍躍天律師 ・ 蕭雄淋律師 ・ 董安丹律師
發　　行——九歌出版社有限公司
台北市 105 八德路 3 段 12 巷 57 弄 40 號
電話／ 02-25776564・傳真／ 02-25789205
初　　版——2020 年 10 月
定　　價——420 元
書　　號——0211014
I S B N——978-986-99083-3-7
（缺頁、破損或裝訂錯誤，請寄回本公司更換）
版權所有 ・ 翻印必究　Printed in Taiwan
封面圖像來源：國安〈日本橋魚市繁榮圖〉（國立國會圖書館）
Original Japanese title:EDO NO HIMITSU MACHI TO KURASHI GA WAKARU HON EDOKKO NO SEIKATSU CHO NYUMON
© IMPACT, 2011, 2019
Original Japanese edition published by MATES universal contents Co., Ltd.
Traditional Chinese translation rights arranged with MATES universal contents Co., Ltd.
through The English Agency (Japan) Ltd. and AMANN CO., LTD. Taipei
Traditional Chinese translation copyright © 2020 Chien Hsing Publishing Co., Ltd.
All rights reserved.